Héloïse Martel

D1098288

Le petit livre du
barbecue

de

Diane Séguin

FIRST
Editions

ISBN 2-87691-917-6
Dépôt légal : 2ᵉ trimestre 2004
Imprimé en Italie

Conception graphique : Pascale Desmazières

Nous nous efforçons de publier des ouvrages qui correspondent à vos attentes
et votre satisfaction est pour nous une priorité. Alors, n'hésitez pas à nous faire
part de vos commentaires à :
Éditions Générales First
27, rue Cassette
75006 Paris - France
Tél. : 01 45 49 60 00
Fax : 01 45 49 60 01
e-mail : firstinfo@efirst.com
En avant-première, nos prochaines parutions, des résumés de tous les ouvrages
du catalogue. Dialoguez en toute liberté avec nos auteurs et nos éditeurs.
Tout cela et bien plus sur Internet à : www.efirst.com

Introduction

Dès les premiers rayons de soleil printaniers, on n'a qu'une envie : déjeuner dehors ! Et on attend avec impatience les longues soirées d'été pour flâner dans le jardin. Après les bons plats d'hiver longuement mijotés à la cuisine, voici revenu le temps des barbecues, synonymes de détente, de vacances et de convivialité.

Pour régaler famille et amis en toute sécurité, voici tout d'abord quelques conseils pratiques :

Faites les bons choix

Barbecues « en dur », barbecues mobiles, barbecues à gaz ou électriques… le choix est vaste. Il dépend de la configuration des lieux et de l'usage prévu.

Les barbecues qui permettent un placement du gril en position haute et basse selon les pièces à griller sont les plus pratiques : vous cuirez les viandes rouges et les saucisses à proximité des braises, les viandes blanches, les poissons et les crustacés, qui réclament une cuisson moins vive, un peu plus loin du foyer.

Utilisez des combustibles adaptés : charbon de bois, sarments de vigne (l'idéal) et petit bois. N'alimentez pas votre barbecue avec du bois de pin ou de sapin qui libère des substances toxiques et qui fait des étincelles qui peuvent propager le feu alentour. Choisissez des instruments bien adaptés à un usage barbecue : des gants isolants, une cuillère, une fourchette, une pince à long manche pour manipuler les aliments sans risquer de vous brûler, un pinceau à long manche pour badigeonner les aliments de marinade.

Ne prenez pas de risques

L'utilisation d'un barbecue doit être soumise à des règles qu'il convient de respecter à la lettre pour éviter tout accident :

- Éloignez votre barbecue de tout matériau inflammable : arbres, plantes, nappes, mobilier de jardin…
- Installez-le à l'abri du vent pour que des flammèches ne risquent pas de s'envoler.

- Posez-le sur une surface plane pour qu'il soit bien stable.
- Prévoyez de quoi éteindre un éventuel début d'incendie : un extincteur, du sable, des chiffons, un seau d'eau…
- Éloignez les enfants d'un large périmètre autour du barbecue.
- Ne laissez pas le barbecue allumé sans surveillance.
- N'utilisez jamais d'essence ou de produits liquides pour allumer un barbecue ; il existe des allume-feu solides prévus à cet effet.
- Portez un long tablier, surtout si vous avez les jambes nues, et des gants isolants à manchettes qui couvrent bien les poignets, attachez vos cheveux s'ils sont longs.
- Si des graisses s'enflamment pendant la cuisson, jetez du gros sel sur les flammes pour les éteindre.

Nettoyez soigneusement les ustensiles et le gril après utilisation, pour éviter de les faire fumer à la prochaine utilisation.

Enfin, renseignez-vous sur la réglementation en vigueur dans votre ville ou votre village, et n'oubliez pas que les barbecues sont le plus souvent interdits, dans les immeubles en copropriété, sur les balcons et les terrasses.

Préservez votre santé

Certaines rumeurs condamnent la cuisson au barbecue, prétendant qu'elle serait cancérigène. Faisons le point : ce qui pourrait nuire à votre santé, ce sont des graisses brûlées, qui ont une structure chimique d'un dérivé du benzène réputé cancérigène. Il faudrait manger des aliments brûlés chaque jour pendant des années pour être exposé à un risque. Or, d'une part, les barbecues ne constituent pas l'essentiel de notre alimentation, loin de là. D'autre part, rares sont ceux qui apprécient les aliments calcinés ! Par conséquent, il suffit d'éviter que les flammes soient en contact direct avec les aliments pour annuler tout risque.

Il convient donc : d'allumer le barbecue à l'avance, de 2 heures à 30 minutes avant la cuisson selon la taille et le nombre des pièces à griller ; d'attendre que le lit de braises rougeoie pour poser la grille, et de la maintenir assez haut pour que les aliments ne soient pas en contact direct avec les flammes.

Quelques conseils culinaires

Utilisez des marinades pour parfumer poissons et viandes. Laissez au frais au moins 1 heure, si possible 3 heures, dans un plat couvert d'un film plastique (pour que les parfums n'envahissent pas le réfrigérateur ou pour isoler les aliments des insectes si la marinade a lieu à température ambiante). Si l'huile entre dans la composition de la marinade, égouttez bien les aliments avant de les faire cuire pour qu'elle ne les carbonise pas en s'enflammant.

Veillez aux temps de cuisson : une chipolota demande plus de cuisson qu'une brochette de bœuf. Les viandes rouges demandent à être cuites rapidement à un degré de chaleur élevé, le poisson, les crustacés, la volaille et les viandes blanches supportent mieux une chaleur plus douce et une cuisson plus longue. Les temps de cuisson sont donnés dans ces recettes à titre indicatif ; ils peuvent varier selon vos goûts mais aussi selon la préparation des braises de votre barbecue. Nous vous recommandons donc de tester le degré de cuisson des aliments avant de les servir.

Salez la viande rouge au dernier moment car sinon

le sang s'écoule à l'extérieur et la viande se dessèche. Utilisez des brochettes en métal ou en bois. Huilez-les avant de les garnir pour que les aliments ne collent pas. Les brochettes à tige plate sont recommandées pour les cubes de viande ou de poisson qui peuvent tourner sur une tige ronde. Les tiges doubles sont recommandées pour les légumes et pour les fruits.

Si vous aimez préparer au barbecue des poissons entiers comme des daurades, procurez-vous une grille spéciale en forme de poisson dans laquelle vous les enfermerez. Vous pouvez ainsi les retourner sans dommage au cours de la cuisson.

Blanchissez certains légumes à cuisson lente comme les épis de maïs ou les pommes de terre pendant 10 à 15 minutes avant de poursuivre leur cuisson sur le barbecue.

Nous vous proposons, dans ce petit livre, 130 recettes de poissons, de viandes, de légumes, de fruits au barbecue avec quelques suggestions de sauces et d'accompagnement, pour un été gourmand. Mais ces recettes peuvent aussi être réalisées à l'intérieur de la maison, dans la cheminée, ou sous le gril de votre four. Bon appétit !

LES POISSONS

•

BROCHETTES DE FRUITS DE MER AU SAFRAN

4 pers. **Préparation** : 15 min **Marinade** : 3 h **Cuisson** : 8 min

4 grosses crevettes • 4 langoustines • 8 noix de Saint-Jacques
Marinade :
1 citron • 4 cuil. à soupe d'huile • 2 doses de safran en poudre
• sel, poivre

Réalisation

Pressez le citron, versez le jus dans un plat creux, ajoutez l'huile, le safran, du sel et du poivre. Mélangez. Décortiquez les crevettes et les langoustines, lavez et épongez les noix de Saint-Jacques et mettez-les dans la marinade en les retournant plusieurs fois. Recouvrez le plat et laissez reposer au frais pendant 3 heures. Égouttez les fruits de mer et répartissez-les sur quatre brochettes huilées. Faites cuire pendant environ 4 minutes de chaque côté. Servez avec des quartiers de citron.

BARS FLAMBÉS AU PASTIS

4 pers. **Préparation** : 10 min **Cuisson** : 15 min

4 bars portion • 1 cuil. à soupe de graines de fenouil • 1 citron non traité • 60 g de beurre • 5 cl de pastis • sel, poivre

Réalisation

Sortez le beurre à l'avance du réfrigérateur pour qu'il soit facile à travailler. Écaillez les bars, videz-les, lavez-les et épongez-les. Prélevez le zeste du citron avec un couteau économe et hachez-le. Malaxez les zestes avec le beurre ramolli, du sel, du poivre et les graines de fenouil. Farcissez les poissons avec ce mélange. Déposez chaque poisson au centre d'une feuille de papier d'aluminium ménager et refermez bien hermétiquement. Faites cuire les bars au barbecue près de la braise pendant 15 minutes en les retournant régulièrement pour que la cuisson soit uniforme. Faites chauffer le pastis dans une petite casserole. Ouvrez les papillotes, déposez les bars sur un plat, arrosez-les de pastis chaud et flambez-les.

Notre conseil : servez ces bars avec une sauce au

fenouil (recette page 139) ou avec le beurre parfumé au citron qui les a farcis. Dans ce cas, doublez les proportions de beurre.

BROCHETTES DE SAINT-JACQUES AUX LÉGUMES NOUVEAUX

4 pers. **Préparation :** 15 min **Cuisson :** 16 min

24 noix de Saint-Jacques • 8 carottes nouvelles • 8 petits oignons blancs • 4 poireaux nouveaux • huile • sel

Réalisation

Pelez les carottes, épluchez les oignons et les poireaux. Faites blanchir ces légumes à l'eau bouillante salée pendant 10 minutes. Ils doivent rester légèrement croquants. Égouttez-les. Coupez les carottes en deux morceaux et les poireaux en quatre tronçons. Rincez et épongez les noix de Saint-Jacques ; enfilez-les sur des brochettes huilées en intercalant carottes, oignons, poireaux. Faites cuire au barbecue pendant environ 3 minutes de chaque côté.

Notre conseil : accompagnez d'une sauce au curry (recette page 138).

BROCHETTES DE SAINT-JACQUES AU BEURRE DE VANILLE

4 pers. **Préparation** : 15 min **Cuisson** : 6 min

24 noix de Saint-Jacques • 2 poivrons rouges • huile
<u>Sauce :</u>
150 g de beurre • 2 gousses de vanille • sel, poivre du moulin

Réalisation

Sortez le beurre à l'avance du réfrigérateur pour qu'il soit facile à travailler. Lavez les poivrons, ouvrez-les, épépinez-les et coupez-les en morceaux de la taille d'une noix de Saint-Jacques. Rincez et épongez les noix de Saint-Jacques ; enfilez-les sur des brochettes huilées en intercalant des morceaux de poivrons rouges. Ouvrez les gousses de vanille en deux, prélevez les graines avec la pointe d'un couteau et mélangez-les au beurre ramolli. Salez, poivrez généreusement. Mettez au frais en attendant de servir. Faites cuire les brochettes au barbecue pendant 3 minutes de chaque côté. Servez avec le beurre de vanille.

Notre conseil : surveillez bien la cuisson qui doit être courte, sinon les noix durcissent et deviennent filandreuses.

BROCHETTES DE CREVETTES À L'ORANGE

4 pers.	**Préparation** : 10 min **Marinade** : 3 h **Cuisson** : 5 min

24 à 28 grosses crevettes roses crues • 1 orange non traitée
• huile
Marinade :
2 cuil. à café de sucre • 1 cuil. à soupe de vinaigre de cidre
• 1 orange • sel, poivre

Réalisation

Préparez la marinade : pressez l'orange, versez le jus dans un plat creux, ajoutez le vinaigre, le sucre et un peu de sel et de poivre. Mélangez bien.

Décortiquez les crevettes crues, mettez-les dans la marinade, retournez-les plusieurs fois pour qu'elles soient bien enrobées ; recouvrez le plat et mettez-le pendant 3 heures au frais. Coupez l'orange non traitée en petits morceaux sans enlever la peau. Enfilez les crevettes sur des brochettes huilées en intercalant des morceaux d'orange. Faites cuire les brochettes au barbecue pendant environ 5 minutes en les retournant souvent.

Notre conseil : accompagnez d'une sauce exotique (recette page 150).

BROCHETTES DE CREVETTES AUX ÉPICES

4 pers. **Préparation** : 10 min **Marinade** : 3 h **Cuisson** : 5 min

16 grosses crevettes
Marinade :
2 piments oiseau • 1 cuil. à café de graines de cumin • 1 cuil. à café de baies de genièvre • 1 cuil. à café de graines de fenouil • 2 cuil. à soupe d'huile • sel

Réalisation

Préparez la marinade : versez l'huile dans un plat creux, ajoutez les graines de cumin et de fenouil et un peu de sel. Émiettez les piments, concassez les baies de genièvre, mettez-les dans le plat et mélangez bien. Décortiquez les crevettes, mettez-les dans la marinade, retournez-les pour qu'elles soient bien enrobées, couvrez le plat et laissez au frais pendant 3 heures. Égouttez les crevettes, répartissez-les sur quatre brochettes et faites-les cuire au barbecue pendant 5 minutes environ en les retournant régulièrement.

Notre conseil : servez ces crevettes avec un beurre d'herbes (recette page 134).

BROCHETTES DE LANGOUSTINES

4 pers. **Préparation** : 10 min **Marinade** : 3 h **Cuisson** : 10 min

20 langoustines • 8 tomates cerise
Marinade :
2 cuil. à soupe d'huile d'olive • 1/2 citron • 1 gousse d'ail
• 1 pincée de piment de Cayenne • sel

Réalisation

Préparez la marinade : épluchez l'ail, écrasez-le avec un presse-ail au-dessus d'un plat creux. Pressez le citron, versez le jus obtenu dans le plat, puis ajoutez l'huile, le piment et un peu de sel. Mélangez bien.

Décortiquez les langoustines crues, mettez-les dans la marinade et retournez-les plusieurs fois pour qu'elles soient bien enrobées. Recouvrez le plat et laissez en attente 3 heures au frais. Égouttez les langoustines et enfilez-les sur des brochettes huilées en intercalant des tomates cerise. Faites cuire pendant 10 minutes environ en les retournant souvent.

Notre conseil : servez avec un beurre de basilic (recette page 132).

BROCHETTES DE LOTTE À L'INDIENNE

4 pers. **Prép :** 10 min **Marinade :** 3 h **Cuisson :** 15 min

800 g de queue de lotte sans arête centrale • 8 tomates cerise
Marinade :
20 cl de lait de coco • 2 cuil. à soupe de curry en poudre
• 2 cuil. à soupe de coriandre en poudre • 1 piment oiseau
• 2 citrons verts • sel, poivre

Réalisation

Préparez la marinade : pressez les citrons verts, versez le jus obtenu dans un plat creux, ajoutez le lait de coco, le curry et la coriandre. Détaillez le piment oiseau en très petits morceaux et mettez-les dans le plat. Assaisonnez.

Coupez la lotte en cubes et mettez-les dans la marinade. Retournez-les plusieurs fois pour qu'ils soient bien enrobés, puis recouvrez le plat et laissez reposer au frais pendant au moins 3 heures. Égouttez les cubes de lotte et embrochez-les en intercalant des tomates cerise. Faites cuire environ 15 minutes au barbecue. Servez la marinade en saucière.

BROCHETTES DE LOTTE AU CHORIZO

4 pers. **Prép :** 10 min **Marinade :** 1 h **Cuisson :** 15 min

800 g de queue de lotte sans arête centrale • 1 chorizo doux
• 12 petits oignons
Marinade :
1 dose de safran • 3 cuil. à soupe d'huile d'olive • sel, poivre

Réalisation

Préparez la marinade : mélangez dans un plat creux
l'huile avec le safran et un peu de sel et de poivre.
Coupez la lotte en cubes et mettez-les dans la marinade. Retournez-les plusieurs fois pour qu'ils soient
bien enrobés, recouvrez le plat et laissez reposer au
moins 1 heure au frais. Épluchez les oignons, coupez le chorizo en rondelles. Égouttez le poisson et
composez les brochettes en alternant lotte, oignon,
chorizo. Faites cuire au barbecue environ 15 minutes
en retournant régulièrement les brochettes pour que
la cuisson soit uniforme.

Notre conseil : servez avec un risotto au safran (recette
p. 114).

BROCHETTES DE LOTTE AU LARD FUMÉ

4 pers. **Préparation :** 5 min **Cuisson :** 15 min

600 g de lotte • 12 tranches de poitrine fumée coupée fin • 1 citron jaune • 2 cuil. à soupe de thym • huile • sel, poivre

Réalisation

Coupez la lotte en cubes, mettez-les dans une assiette creuse avec du sel, du poivre et du thym. Mélangez pour que les morceaux soient bien imprégnés. Enroulez chaque cube de lotte dans un morceau de poitrine fumée et enfilez sur des brochettes en bois préalablement huilées. Faites cuire environ 15 minutes en retournant les brochettes à mi-cuisson. Accompagnez de rondelles de citron.

BROCHETTES DE MOULES ET DE CREVETTES AU LARD

4 pers. **Préparation :** 10 min **Marinade :** 3 h **Cuisson :** 5 min

24 grosses crevettes roses crues • 24 grosses moules
• 12 tranches fines de poitrine fumée • 1 citron vert
Marinade :
1 citron vert • 2 gousses d'ail • 4 cuil. à soupe d'huile d'olive
• sel, poivre

Réalisation

Brossez les moules pour les nettoyer, rincez-les à grande eau et faites-les ouvrir dans une grande casserole avec un verre d'eau salée. Dès qu'elles sont toutes ouvertes, égouttez-les. Laissez-les tiédir, puis décoquillez-les. Ôtez la carapace et la tête des crevettes. Réservez.

Préparez la marinade : pressez un citron vert, versez le jus dans un plat creux, ajoutez l'huile et les gousses d'ail épluchées et écrasées au presse-ail, ainsi qu'un peu de sel et de poivre.

Mettez les moules et les crevettes dans la marinade, recouvrez le plat et laissez reposer pendant 3 heures environ. Égouttez-les. Coupez chaque tranche de poitrine en deux parties. Enveloppez une crevette et une moule dans un morceau de poitrine et répartissez-les sur des brochettes huilées. Continuez jusqu'à épuisement des ingrédients. Faites cuire les brochettes pendant 5 à 10 minutes en les retournant souvent. Coupez le citron vert restant en quartiers et servez-le avec les brochettes.

BROCHETTES DE MOULES, DE SAUCISSES ET DE LARDONS

4 pers. **Préparation :** 5 min **Cuisson :** 10 min

1 litre de grosses moules d'Espagne • 4 chipolatas • 1 tranche de poitrine fumée épaisse • 2 cuil. à soupe de thym • sel, poivre

Réalisation

Lavez les moules. Mettez-les dans une sauteuse avec 1 cuillerée à soupe de thym effeuillé, du sel, du poivre et un verre d'eau. Faites-les ouvrir à feu vif. Quand elles sont toutes ouvertes, retirez-les du feu et laissez-les tiédir. Faites pocher les chipolatas pendant 5 minutes à l'eau bouillante après les avoir piquées d'un coup de fourchette pour qu'elles n'éclatent pas. Égouttez-les. Décoquillez les moules. Réservez-les. Coupez la poitrine fumée en gros lardons. Coupez chaque chipolata en quatre tronçons. Formez les brochettes en alternant moules, lardons, morceaux de chipolata. Saupoudrez avec le reste de thym. Faites cuire les brochettes environ 10 minutes au barbecue en les retournant régulièrement.

BROCHETTES DE SAUMON AU FENOUIL

4 pers.	**Prép :** 10 min **Marinade :** 30 min **Cuisson :** 40 min

600 g de saumon frais • 4 bulbes de fenouil
Marinade :
2 citrons • 2 gousses d'ail • 1 piment oiseau • 4 cuil. à soupe d'huile d'olive • sel, poivre

Réalisation

Enlevez les feuilles flétries des fenouils et coupez les bulbes en quatre. Faites-les cuire pendant 30 minutes dans de l'eau bouillante salée. Égouttez-les. Préparez la marinade : pressez les citrons, versez le jus dans un plat creux. Épluchez les gousses d'ail, écrasez-les à l'aide d'un presse-ail et mettez la pulpe obtenue dans le plat.

Ouvrez le piment en deux, ôtez les graines et coupez la chair en très petits morceaux. Mettez-les dans le plat, ajoutez l'huile et un peu de sel et de poivre. Mélangez bien. Coupez le saumon en cubes et mettez-les dans la marinade. Recouvrez le plat et laissez reposer au frais pendant 30 minutes au minimum. Égouttez les cubes de saumon et composez les brochettes en les alternant avec les quartiers de fenouil. Faites cuire au barbecue pendant environ 10 minutes. Servez la marinade en saucière.

BROCHETTES DE SCAMPIS

4 pers. **Préparation** : 10 min **Marinade** : 3 h **Cuisson** : 10 min

24 grosses crevettes roses crues • 1 citron non traité
Marinade :
2 gousses d'ail • 1 oignon • 2 cuil. à soupe d'huile d'olive
• 10 cl de vin blanc sec • 1 cuil. à café de gingembre moulu
• 1 cuil. à soupe de concentré de tomates • 1 branche
d'estragon • sel, poivre

Réalisation

Préparez la marinade : versez dans un plat creux le
vin blanc et l'huile d'olive, ajoutez le concentré de
tomates, le gingembre et l'estragon ciselé ainsi qu'un
peu de sel et de poivre. Épluchez l'ail et l'oignon,
hachez-les et ajoutez-les à la marinade.

Décortiquez les crevettes crues, mettez-les dans la
marinade, recouvrez le plat et laissez reposer pendant
au moins 3 heures. Coupez le citron en petits morceaux de la taille d'une crevette. Égouttez les crevettes, enfilez-les sur des brochettes huilées en
intercalant des morceaux de citron.

Si besoin, faites cuire au barbecue pendant environ
10 minutes. Versez la marinade dans une casserole

et faites bouillir pour que le vin s'évapore et servez en saucière avec les brochettes.

BROCHETTES DE THON AU RAISIN

4 pers. **Préparation** : 5 min **Cuisson** : 10 min

800 g de thon frais • 1 grappe de raisin vert Italia •1/2 botte de menthe • 2 cuil. à soupe d'huile d'olive • fleur de sel, poivre du moulin

Réalisation

Badigeonnez le thon d'huile d'olive, puis coupez-le en cubes. Composez les brochettes en alternant cubes de thon et grains de raisin. Faites cuire au barbecue pendant environ 10 minutes en retournant les brochettes en cours de cuisson. Ciselez la menthe. Roulez les brochettes cuites dans la menthe, saupoudrez de fleur de sel et de poivre du moulin. Servez immédiatement.

BROCHETTES DE THON AU FENOUIL

4 pers. **Prép :** 10 min **Marinade :** 3 h **Cuisson :** 20 min

800 g de thon frais • 8 tomates cerise • 8 petits oignons blancs • 4 tranches de lard fumé • 1 poivron vert
Marinade :
2 cuil. à soupe de concentré de tomates • 3 gousses d'ail • 3 cuil. à soupe de graines de fenouil • 2 cuil. à soupe d'huile d'olive • 1 branche d'estragon • 1 branche de basilic • sel, poivre

Réalisation

Préparez la marinade : épluchez l'ail et écrasez-le au presse-ail au-dessus d'un plat creux ; hachez le basilic et l'estragon ; mélangez le concentré de tomates, l'huile, les graines de fenouil, les herbes et l'ail, ajoutez un peu de sel et de poivre.

Coupez le thon en cubes, mettez-les dans la marinade et retournez-les plusieurs fois pour qu'ils soient bien enrobés. Recouvrez le plat et laissez reposer au frais au moins 3 heures. Pendant ce temps, pelez les oignons, coupez le poivron en deux, ôtez les graines et les parties blanches et coupez-le en morceaux de la taille des oignons et des tomates. Égouttez le thon et composez les brochettes en intercalant poisson, tomate, oignon, poivron. Faites cuire les brochettes de 15 à 20 minutes en les retournant régulièrement.

Notre conseil : accompagnez, par exemple, d'une salade de tomates aux câpres (recette page 119).

DAURADE FARCIE

4 pers. **Préparation :** 10 min **Cuisson :** 30 min

1 belle daurade • 1 bouquet de persil • 3 cuil. à soupe d'huile d'olive • 5 gousses d'ail • 1 piment oiseau • sel, poivre

Réalisation

Épluchez l'ail, épépinez le piment, effeuillez le persil. Mixez ces ingrédients avec un peu de sel, de poivre et 2 cuillerées à soupe d'huile d'olive. Écaillez et videz la daurade, lavez-la, épongez-la, puis farcissez-la avec la préparation. Enduisez-la d'huile d'olive. Faites-la cuire au barbecue pendant 30 à 40 minutes selon sa taille en la retournant souvent.

BROCHETTES DE THON MARINÉ

4 pers. **Prép :** 10 min **Marinade :** 3 h **Cuisson :** 15 min

---

600 g de thon • 6 gousses d'ail • 1/2 pot de coulis de tomate nature • 1 citron non traité • 1 cuil. à soupe de pâte d'anchois • poivre

---

Réalisation

Prélevez le zeste du citron avec un couteau économe et hachez-le. Pressez le fruit. Mettez le zeste et le jus de citron dans un plat creux. Épluchez les gousses d'ail, réduisez-les en purée avec un presse-ail. Mélangez dans le plat creux le jus et le zeste de citron, l'ail écrasé, le coulis de tomate, la pâte d'anchois et un peu de poivre. Ne salez pas. Goûtez pour vérifier l'assaisonnement. Rectifiez si nécessaire. Détaillez le thon en cubes et mettez-les dans la marinade. Mélangez bien pour que les morceaux de poisson soient recouverts et couvrez le plat. Réservez au frais pendant 3 heures. Égouttez les cubes de thon et enfilez-les sur des brochettes huilées au préalable. Faites cuire au barbecue pendant 15 minutes environ en les retournant à mi-cuisson.

Notre suggestion : servez avec une salade de tomates aux câpres (recette page 119).

FILETS DE DAURADE À L'UNILATÉRAL

4 pers. **Préparation :** 5 min **Cuisson :** 10 min

4 filets de daurade avec leur peau • fleur de sel, poivre mignonnette
Sauce :
25 cl de crème • 1/2 citron • 2 branches de persil plat

Réalisation

Faites cuire les filets de daurade sur le barbecue en plaçant le côté peau au-dessus des braises. Comptez environ 10 minutes. Pendant ce temps, pressez le citron, mélangez dans une casserole le jus obtenu à la crème, battez au fouet sur feu doux jusqu'à ce qu'elle soit mousseuse. Versez dans une saucière, parsemez de feuilles de persil ciselées. Saupoudrez les filets de daurade de fleur de sel et de poivre mignonnette et servez avec la sauce crème tiède.

FILETS DE ROUGET EN PAPILLOTES

4 pers. **Préparation** : 5 min **Cuisson** : 15 min

8 filets de rouget • 8 brins d'aneth • 4 cuil. à café d'huile d'olive
• sel, poivre

Réalisation

Déposez deux filets de rouget au centre d'une feuille
de papier d'aluminium ménager, salez, poivrez,
arrosez d'une cuillerée à café d'huile d'olive et
saupoudrez de quelques brins d'aneth. Refermez
chaque papillote hermétiquement. Faites cuire
les rougets en papillotes au barbecue pendant
15 minutes environ, en les retournant régulièrement.

Notre conseil : servez avec une sauce aux herbes
(recette page 148), par exemple.

MAQUEREAUX GRILLÉS

4 pers. **Préparation** : 5 min **Cuisson** : 20 min

4 maquereaux • 2 cuil. à soupe d'huile d'olive • 1 citron

Réalisation
Videz les maquereaux, lavez-les, essuyez-les et enduisez-les d'un peu d'huile. Faites-les griller au barbecue pendant environ 30 minutes en les retournant à mi-cuisson, et servez-les avec des rondelles de citron.

Notre conseil : accompagnez de pommes de terre vapeur et de beurre frais.

PAVÉS DE SAUMON GRILLÉS AUX BAIES ROSES

4 pers. **Préparation :** 5 min **Marinade :** 3 h **Cuisson :** 15 min

4 pavés de saumon
Marinade :
3 cuil. à soupe de sauce de soja • 10 cl de vin blanc doux
• 2 cm de gingembre frais • 2 cuil. à soupe d'huile • 1 cuil. à
soupe de sucre • 2 cuil. à soupe de baies roses concassées
• sel, poivre

Réalisation

Préparez la marinade : épluchez le gingembre et hachez-le. Mettez-le dans un plat creux avec l'huile, le sucre, le vin blanc, la sauce de soja, les baies roses et un peu de sel et de poivre. Mélangez bien.
Mettez les pavés de saumon dans la marinade, retournez-les pour qu'ils soient bien enrobés, recouvrez le plat et laissez reposer 3 heures au frais. Égouttez les pavés de poisson et faites-les cuire au barbecue pendant environ 15 minutes en les retournant à mi-cuisson.

PAVÉS DE SAUMON SUCRÉS-SALÉS

4 pers. **Prép :** 15 min **Marinade :** 1 h **Cuisson :** 20 min

4 pavés de saumon • 2 cuil. à café de thym effeuillé • sel, poivre
Sauce :
1 citron non traité • 1 orange non traitée • 2 cm de gingembre frais • 1 cuil. à café de sucre en poudre • 2 cuil. à soupe de vinaigre de cidre • 2 cuil. à soupe d'huile • sel, poivre

Réalisation

Mettez dans une assiette creuse le thym, du sel et du poivre. Enrobez les pavés de saumon de ce mélange et laissez reposer au frais pendant 1 heure.

Préparez la sauce : prélevez les zestes de l'orange et du citron, épluchez le gingembre, râpez-les finement. Pressez les fruits. Réservez le jus. Versez dans une casserole le vinaigre et le sucre, faites chauffer jusqu'à obtention d'un caramel blond. Versez le jus du citron et de l'orange et l'huile, salez, poivrez et laissez réduire un peu. La sauce doit être sirupeuse. Faites griller les pavés de saumon pendant 10 minutes environ en les retournant à mi-cuisson. Servez la sauce en saucière.

ROUGETS GRILLÉS

4 pers. **Préparation :** 5 min **Cuisson :** 10 min

4 rougets • 1 cuil. à soupe de graines d'anis • 2 cuil. à soupe d'huile d'olive • sel, poivre

Réalisation

Mélangez dans un bol l'huile avec du sel, du poivre et les graines d'anis. Videz, lavez et essuyez les rougets, enduisez-les à l'extérieur et à l'intérieur d'huile parfumée. Faites-les cuire au barbecue pendant environ 10 minutes en les retournant à mi-cuisson.

Notre conseil : servez avec un bol de tapenade (recette page 153) et accompagnez de tomates à la provençale (recette page 121) ou de tranches d'aubergines grillées (recette page 122).

ROUGETS GRILLÉS AU LARD FUMÉ

4 pers. **Préparation :** 10 min **Cuisson :** 15 min

4 beaux rougets • 4 cuil. à soupe de feuilles de sauge • 8 tranches fines de poitrine fumée • 2 cuil. à soupe d'huile d'olive • sel, poivre

Réalisation

Écaillez, videz, rincez, essuyez les rougets. Mélangez dans une assiette creuse les feuilles de sauge avec un peu de sel et de poivre. Farcissez les poissons de ce mélange. Entourez chaque rouget de deux tranches de poitrine fumée, enduisez-les d'huile d'olive, puis faites-les cuire pendant 10 à 15 minutes au barbecue en les retournant à mi-cuisson.

Notre conseil : accompagnez d'un beurre d'herbes (recette page 134) et accompagnez, par exemple, d'une salade de tomates aux câpres (recette page 119).

SARDINES À L'HARISSA

4 pers. **Préparation** : 10 min **Cuisson** : 10 min

24 sardines fraîches • 1 tube d'harissa • 1 citron jaune

Réalisation

Videz, écaillez les sardines, lavez-les et épongez-les
soigneusement. Enduisez l'intérieur d'harissa. Faites-
les cuire environ 10 minutes en les retournant à mi-
cuisson. Servez avec des rondelles de citron.

Notre conseil : vous pouvez adoucir ces sardines
pimentées en les accompagnant de concombre raïta
(recette page 110).

SARDINES GRILLÉES AU LAURIER

4 pers. **Prép :** 5 min **Marinade :** 30 min **Cuisson :** 8 min

20 à 24 sardines selon leur grosseur • 1 cuil. à soupe d'origan • 10 feuilles de laurier • sel, poivre

Réalisation

Écaillez les sardines, videz-les, lavez-les, essuyez-les. Mettez l'origan dans un plat creux et émiettez les feuilles de laurier, salez, poivrez, mélangez bien. Enrobez les sardines de ce mélange et placez au frais pendant 30 minutes environ. Faites cuire au barbecue pendant 10 minutes environ en retournant les sardines à mi-cuisson.

Notre conseil : servez avec des pommes de terre en papillote (recette page 113) et une salade à la grecque (recette page 115).

SAUMON MARINÉ À LA VODKA ET AUX POIVRES

4 pers. **Préparation :** 15 min **Marinade :** 1 h **Cuisson :** 10 min

4 pavés de saumon

Marinade :

4 cl de vodka (ou d'aquavit) • 2 cuil. à soupe d'huile d'olive • 1 cuil. à soupe de poivre concassé • 1 cuil. à soupe de poivre vert en grains • 25 cl de crème fraîche • sel

Réalisation

Préparez la marinade : mélangez dans un plat creux la vodka avec l'huile, le poivre concassé et un peu de sel. Mettez les pavés de saumon dans cette marinade, retournez-les pour qu'ils soient imprégnés et laissez au frais pendant 1 heure. Égouttez les pavés et faites-les griller au barbecue pendant 10 à 15 minutes selon leur épaisseur en les retournant souvent pour que la cuisson soit uniforme. Versez la marinade dans une casserole, ajoutez le poivre vert et la crème, portez à ébullition et laissez épaissir un peu. Servez cette sauce avec les pavés.

THON GRILLÉ AU GINGEMBRE

4 pers. **Prép :** 15 min **Marinade :** 3h **Cuisson :** 20 min

4 darnes de thon
Marinade :
3 cm de gingembre frais • 1 citron • 2 cuil. à soupe d'huile
d'olive • sel, poivre

Réalisation

Préparez la marinade : épluchez et hachez le gingembre. Pressez le citron, versez le jus dans un plat creux, ajoutez l'huile, du sel, du poivre et le gingembre. Mélangez bien. Mettez les darnes de thon dans la marinade, retournez-les pour qu'elles soient bien imprégnées, recouvrez le plat et laissez au frais pendant 3 heures. Égouttez les darnes et faites-les griller au barbecue pendant environ 20 minutes.

Notre conseil : accompagnez de tomates à la provençale (recette page 121).

THON GRILLÉ AU POIVRE

4 pers. **Prép** : 5 min **Marinade** : 3 h **Cuisson** : 10 à 15 min

4 pavés de thon • 2 cuil. à soupe de sel de Guérande • 3 cuil. à soupe de poivre concassé

Réalisation

Versez le sel et le poivre dans un plat creux, et enrobez-en les pavés de saumon. Laissez reposer au frais pendant environ 3 heures. Faites cuire au barbecue pendant 10 à 15 minutes.

Notre conseil : servez avec de l'ail confit à l'huile d'olive (recette page 131), et du riz blanc ou une salade de tomates.

BROCHETTES DE LOTTE AUX PRUNEAUX

4 pers. **Prép** : 10 min **Marinade** : 1 h **Cuisson** : 15 min

> 600 g de queue de lotte épluchée • 20 cl de vin rouge • 2 cuil. à soupe d'huile • 2 échalotes • 1 branche de thym • 16 têtes de petits champignons de Paris • 16 pruneaux • sel, poivre
> Marinade :
> vin • huile • échalottes • thym • sel, poivre

Réalisation

Préparez la marinade :

Épluchez les échalotes, hachez-les, mettez-les dans un saladier. Ajoutez l'huile, le vin rouge, le thym effeuillé, du sel et du poivre.

Coupez la lotte en cubes, mettez-les dans la marinade. Recouvrez le saladier d'un film alimentaire et laissez mariner au frais pendant 1 heure.

Dénoyautez les pruneaux, lavez les champignons.

Égouttez les morceaux de lotte, répartissez-les sur quatre brochettes huilées en intercalant des pruneaux et des têtes de champignon.

Faites cuire au barbecue pendant environ 15 minutes en retournant les brochettes régulièrement.

CABILLAUD GRILLÉ AU CUMIN

4 pers. **Préparation :** 5 min **Marinade :** 1 h **Cuisson :** 15 min

4 darnes de cabillaud • 2 cuil. à soupe de graines de cumin
• 1 cuil. à soupe de cumin en poudre • 4 cuil. à soupe d'huile
d'olive • sel, poivre

Réalisation

Mélangez dans un plat creux l'huile avec les deux
cumins et un peu de sel et de poivre. Mettez les
darnes de cabillaud dans l'huile et laissez mariner
pendant 1 heure au frais. Égouttez les darnes et
faites-les cuire au barbecue pendant 15 minutes
environ.

PAPILLOTE DE DAURADE AU GINGEMBRE ET AU FENOUIL

4 pers. **Préparation** : 10 min **Cuisson** : 30 min

4 beaux filets de daurade • 1 citron • 4 bulbes de fenouil • 3 cm de gingembre frais • 4 cuil. à soupe d'huile d'olive • sel, poivre

Réalisation

Coupez le citron en fines tranches. Lavez les bulbes de fenouil, essuyez-les puis émincez-les finement. Faites-les cuire à la vapeur pendant 10 minutes. Pelez et râpez le gingembre.

Préparez quatre carrés de papier d'aluminium ménager. Répartissez sur chacun d'eux un peu de fenouil, une rondelle de citron, un filet de daurade et un peu de gingembre râpé. Arrosez d'huile d'olive, salez, poivrez, puis refermez les papillotes hermétiquement. Faites cuire pendant 20 minutes au barbecue.

THON GRILLÉ À L'AIL ET AU THYM

4 pers. **Préparation :** 10 min **Cuisson :** 20 min

4 tranches de thon frais de 150 g chacune • 4 gousses d'ail • 4 cuil. à soupe d'huile d'olive • 2 branches de thym • sel, poivre

Réalisation

Épluchez les gousses d'ail et coupez-les en lamelles. Piquez les lamelles dans les tranches de thon.
Mélangez dans un bol l'huile avec le thym effeuillé, du sel et du poivre. Badigeonnez les tranches de thon avec cette huile parfumée et faites-les cuire au barbecue pendant environ 20 minutes en les retournant délicatement à mi-cuisson.

Notre conseil : servez ce plat avec des tomates à la provençale (recette page 121) ou une salade de tomates aux câpres (recette page 119).

LES VIANDES ET
LES VOLAILLES

•

BLANCS DE POULET AUX ÉPICES

4 pers. **Prép :** 5 min **Marinade :** 3 h **Cuisson :** 15 min

4 filets de poulet de 150 g environ
Marinade :
1 cuil. à soupe de paprika • 1 cuil. à soupe de graines de cumin
• 4 cuil. à soupe d'huile d'olive •1/2 citron • sel, poivre

Réalisation

Préparez la marinade : pressez le citron, versez le jus dans un plat creux et ajoutez l'huile, le paprika et le cumin ainsi qu'un peu de sel et de poivre. Mélangez bien.

Mettez les filets de poulet dans la marinade, retournez-les pour qu'ils soient bien imprégnés, recouvrez le plat et laissez au frais pendant 3 heures. Égouttez les filets et faites-les cuire au barbecue de 15 à 20 minutes.

BROCHETTES AUX TROIS VIANDES

4 pers. **Préparation :** 10 min **Cuisson :** 15 min

1 tranche épaisse de lard fumé • 400 g d'épaule d'agneau
• 4 chipolatas • 4 oignons grelots • 4 tomates cerise
• 4 branches de thym

Réalisation

Détaillez la tranche de lard en lardons de 5 mm
de largeur. Coupez l'épaule d'agneau en cubes.
Fractionnez chaque chipolata en trois parties.
Épluchez les oignons, lavez et essuyez les tomates.
Composez les brochettes en intercalant les trois
viandes avec oignon et tomate. Saupoudrez-les de
thym effeuillé. Faites griller les brochettes pendant
environ 15 minutes en les retournant souvent.

Notre conseil : accompagnez ces brochettes de
pommes de terre en papillotes (recette page 113)
ou de tranches d'aubergines grillées (recette page
122).

BROCHETTES D'AGNEAU AUX ÉPICES DOUCES

4 pers. **Prép** : 10 min **Marinade** : 3 h **Cuisson** : 15 min

800 g de gigot d'agneau
Marinade :
2 cuil. à soupe de moutarde à l'ancienne • 2 cuil. à soupe de miel • 2 cuil. à soupe de sauce de soja • 1 cuil. à soupe de coriandre moulue • 1 dose de safran • 2 cuil. à soupe d'huile • 2 gousses d'ail • sel, poivre

Réalisation

Préparez la marinade : épluchez les gousses d'ail et écrasez la pulpe à l'aide d'un presse-ail. Mettez-la dans un plat creux. Ajoutez la moutarde, le miel, la sauce de soja, la coriandre, le safran, l'huile et un peu de sel et de poivre. Mélangez bien.

Dégraissez le plus possible la viande et coupez-la en cubes. Mettez ces cubes dans la marinade, retournez-les pour qu'ils soient bien enrobés, recouvrez le plat d'un film plastique et laissez mariner pendant 3 heures. Égouttez les cubes d'agneau, répartissez-les sur quatre brochettes huilées et faites-les griller pendant 15 minutes environ en les retournant souvent.

BROCHETTES DE BŒUF
À LA THAÏLANDAISE

4 pers. **Prép :** 10 min **Marinade :** 3 h **Cuisson :** 5 à 10 min

700 g de rumsteack
Marinade :
1 piment oiseau • 2 gousses d'ail • 1 citron vert • 5 cuil. à soupe
de nuoc-mâm

Réalisation

Préparez la marinade : épluchez l'ail et pressez-le au-
dessus d'un plat creux. Coupez le piment en très petits
morceaux, mettez-les dans le plat. Pressez le citron
vert, mettez le jus dans le plat et ajoutez le nuoc-mâm.
Coupez la viande en cubes et mettez-la dans la marinade ; retournez-la plusieurs fois pour qu'elle soit
enrobée. Recouvrez le plat et laissez reposer 3 heures.
Enfilez les cubes de viande sur des brochettes huilées et faites-les cuire au barbecue de 5 à 10 minutes
selon le degré de cuisson désiré. Servez avec la marinade dans une saucière.

Notre conseil : servez avec une salade thaïe (recette
page 120).

BROCHETTES DE BŒUF AU POIVRE VERT

4 pers. **Prép :** 5 min **Marinade :** 3 h **Cuisson :** 5 à 10 min

700 g de rumsteack
Marinade :
3 cuil. à soupe de moutarde douce ou forte • 2 cuil. à soupe
d'huile • 2 cuil. à soupe de poivre vert concassé • sel

Réalisation

Préparez la marinade : mélangez dans un plat creux
la moutarde, l'huile et le poivre vert concassé, salez
légèrement.

Coupez la viande en cubes et mettez-les dans la
marinade. Couvrez le plat et laissez reposer au moins
3 heures. Égouttez la viande, mettez-la sur des
brochettes et faites cuire au barbecue 5 à 10 minutes
selon le degré de cuisson désiré en retournant les
brochettes à mi-cuisson.

Notre conseil : accompagnez ces brochettes de
pommes de terre en papillote (recette page 113).

BROCHETTES DE BŒUF D'ARMINDA

4 pers. **Prép :** 5 min **Marinade :** 1 h **Cuisson :** 5 à 10 min

700 g de filet de bœuf • 4 oignons • 1 poivron vert
Marinade :
4 cuil. à soupe d'huile d'olive • 2 cuil. à soupe de paprika
• 1 dose de safran • 1 cuil. à café de quatre-épices • sel, poivre

Réalisation

Mélangez tous les ingrédients de la marinade dans un plat creux.

Coupez la viande en cubes, mettez-les dans la marinade, couvrez le plat avec un film plastique et laissez reposer 1 heure. Épluchez les oignons, coupez-les en quatre. Lavez le poivron, épépinez-le et coupez-le en morceaux. Égouttez les cubes de viande et montez les brochettes en alternant bœuf, oignon, poivron. Faites griller de 5 à 10 minutes selon le degré de cuisson désiré en retournant régulièrement les brochettes.

Notre conseil : servez avec des pommes de terre chips et une salade de tomates aux câpres (recette page 119).

BROCHETTES DE BOUDIN NOIR AUX POMMES FRUITS

4 pers. **Préparation :** 10 min **Cuisson :** 10 min

40 boudins noirs cocktail • 2 pommes Granny •1/2 citron •1 cuil. à soupe de sucre en poudre • 1 cuil. à café de cannelle • sel, poivre

Réalisation

Épluchez les pommes, coupez-les en quartiers puis en morceaux de la taille des boudins et citronnez-les pour qu'ils ne noircissent pas. Mélangez dans une assiette creuse le sucre en poudre et la cannelle, roulez les morceaux de pommes dedans. Composez les brochettes en alternant les boudins et les pommes, salez, poivrez. Faites-les cuire pendant environ 10 minutes en les retournant à mi-cuisson.

Notre conseil : servez avec une purée de pommes de terre ou encore des pommes de terre en papillote (recette page 113).

BROCHETTES DE CANARD À L'ORANGE

4 pers. **Prép :** 15 min **Marinade :** 3 h **Cuisson :** 10 min

---

2 magrets de canard de 350 g chacun
Marinade :
2 oranges non traitées • 1 cuil. à soupe de vinaigre de vin
• 1 cuil. à soupe d'huile • 1 cuil. à soupe de sucre en poudre
• sel, poivre

Réalisation

Préparez la marinade : prélevez le zeste d'une orange et râpez-le. Pressez le jus. Mélangez dans un plat creux le jus d'une orange avec l'huile, le vinaigre, le sucre et un peu de sel et de poivre. Mélangez.

Enlevez la peau des magrets et détaillez la chair en gros cubes. Mettez-les dans la marinade, retournez-les plusieurs fois pour qu'ils soient bien imprégnés, couvrez le plat et placez au frais pendant 3 heures.

Épluchez la seconde orange et détachez les quartiers. Égouttez les cubes de canard, enfilez-les sur les brochettes huilées en intercalant des quartiers d'orange et faites cuire les brochettes au barbecue pendant 10 minutes en les retournant à mi-cuisson.

Versez la marinade dans une casserole et faites réduire pour obtenir une sauce sirupeuse. Servez en saucière.

BROCHETTES DE CANARD AUX PETITS NAVETS

4 pers. **Préparation** : 15 min **Cuisson** : 25 min

2 magrets de canard de 350 g chacun • 12 petits navets ronds • 2 cuil. à soupe de sucre • 50 g de beurre • sel, poivre

Réalisation

Épluchez les navets et faites-les cuire pendant 10 minutes à l'eau bouillante salée. Égouttez-les, rafraîchissez-les. Ôtez la peau des magrets, coupez la chair en cubes. Répartissez les cubes de canard et les navets sur des brochettes. Faites fondre le beurre à feu très doux, ajoutez le sucre et un peu de poivre. Badigeonnez les brochettes avec ce mélange. Faites cuire les brochettes pendant environ 15 minutes en les badigeonnant régulièrement de beurre pour qu'elles caramélisent légèrement. Retournez à mi-cuisson.

BROCHETTES DE CANARD AU POIVRE ET AU MIEL

4 pers. **Préparation :** 5 min **Marinade :** 3 h **Cuisson :** 10 min

2 magrets de 350 g chacun • 1 bouquet de cerfeuil
Marinade :
4 cuil. à soupe de miel liquide • 4 cuil. à soupe de vinaigre
de xérès • 2 cuil. à soupe de poivre concassé • sel

Réalisation

Préparez la marinade : mettez dans un plat creux le miel, le vinaigre et le poivre concassé, salez et mélangez bien.

Coupez les magrets en cubes. Placez-les dans la marinade en les retournant pour qu'ils soient bien enrobés. Couvrez le plat et laissez reposer pendant 3 heures. Enfilez les cubes de canard sur des brochettes et faites-les griller pendant 10 à 15 minutes en les badigeonnant régulièrement de marinade et en les retournant.

BROCHETTES DE DINDE AUX PRUNEAUX

4 pers. **Préparation :** 10 min **Cuisson :** 15 min

800 g de filet de dinde • 12 pruneaux dénoyautés • 1/2 citron • 2 cuil. à soupe d'huile d'olive • 1 sachet de thé • sel, poivre

Réalisation

Préparez un thé fort dans une jatte, et mettez les pruneaux à tremper. Coupez le filet de dinde en cubes. Pressez le citron, mélangez dans un bol le jus obtenu avec l'huile d'olive, du sel et du poivre. Composez les brochettes en alternant cubes de dinde et pruneaux, badigeonnez d'huile au citron. Faites cuire les brochettes pendant 15 minutes en les retournant à mi-cuisson.

Notre conseil : accompagnez, par exemple, d'une salade de pois chiches au citron (recette page 117) ou d'une salade de semoule aux raisins secs (recette page 118).

BROCHETTES DE BŒUF MARINÉES

Préparation : 10 min **Marinade :** 3 h **Cuisson :** 10 min

4 pers.

700 g de rumsteack ou de filet de bœuf • 2 courgettes
Marinade :
3 oignons • 1 gousse d'ail • 5 clous de girofle • 1 cuil. à café de thym • 1/2 cuil. à soupe de Tabasco • 2 cuil. à soupe de miel liquide • 1 cuil. à soupe de ketchup épicé • 1/2 citron • sel, poivre

Réalisation

Préparez la marinade : pressez le citron, versez le jus dans un plat creux. Épluchez et hachez l'ail et les oignons, mettez-les dans le plat. Ajoutez les clous de girofle, le thym, le ketchup, le miel, le Tabasco et un peu de sel et de poivre. Mélangez bien.

Coupez la viande en cubes, mettez-les dans la marinade, retournez les morceaux pour qu'ils soient enrobés, couvrez le plat et laissez reposer pendant 3 heures. Lavez les courgettes, coupez-les en rondelles. Égouttez la viande et composez les brochettes en alternant cubes de viande et rondelles de courgette. Faites cuire au barbecue pendant environ 10 minutes.

Notre conseil : accompagnez d'une sauce au poivron (recette page 143).

COQUELETS EN CRAPAUDINE

4 pers. **Prép :** 5 min **Marinade :** 3 h **Cuisson :** 50 min

2 coquelets
Marinade :
3 citrons • fleur de sel, poivre

Réalisation

Pressez les citrons et versez le jus dans un plat creux, ajoutez sel et poivre.
Coupez les coquelets en deux dans leur longueur et mettez-les dans le citron en les retournant plusieurs fois. Couvrez le plat et laissez reposer au moins 3 heures. Faites cuire les demi-coquelets au barbecue pendant environ 50 minutes en les badigeonnant régulièrement de marinade.

Notre conseil : servez avec une sauce fraîcheur à la moutarde, par exemple (recette page 151).

BROCHETTES DE PORC À L'ANTILLAISE

4 pers. **Prép** : 10 min **Marinade** : 3 h **Cuisson** : 15 à 20 min

800 g d'échine de porc
Marinade :
1 piment oiseau • 1 botte de petits oignons blancs • 1 citron
vert • 3 cuil. à soupe d'huile • sel, poivre

Réalisation

Préparez la marinade : pressez le citron, versez le jus dans un plat creux, ajoutez l'huile, du sel et du poivre. Épluchez les oignons, épépinez le piment, hachez-les menu ensemble et ajoutez au plat.

Coupez le porc en cubes et mettez-les dans la marinade, retournez-les plusieurs fois. Recouvrez le plat et placez au frais pendant 3 heures. Égouttez les cubes de viande et enfilez-les sur des brochettes huilées. Faites cuire pendant 15 à 20 minutes en les retournant régulièrement. Servez la marinade dans une saucière.

Notre conseil : servez avec des bananes juste poêlées au beurre.

BROCHETTES DE LAPIN AU GENIÈVRE

4 pers. **Prép** : 5 min **Marinade** : 3 h **Cuisson** : 20 min

16 râbles de lapin

Marinade :

4 cuil. à soupe de baies de genièvre • 2 cuil. à soupe d'huile d'olive • 10 cl de vin blanc • sel, poivre

Réalisation

Préparez la marinade : versez dans un plat creux le vin blanc et l'huile d'olive, salez, poivrez, concassez les baies de genièvre et ajoutez-les.

Prélevez la chair du lapin sur les râbles à l'aide d'un couteau pointu, mettez-les dans la marinade, retournez-les plusieurs fois pour qu'ils soient bien imprégnés, couvrez le plat et laissez reposer au frais pendant 3 heures. Égouttez les morceaux de lapin et enfilezles sur des brochettes huilées. Faites cuire pendant environ 20 minutes en retournant les brochettes plusieurs fois. Versez la marinade dans une casserole et faites réduire ; servez en saucière.

BROCHETTES DE PORC AUX POMMES

4 pers.   **Préparation :** 10 min **Marinade :** 3 h **Cuisson :** 20 min

---

800 g d'échine de porc sans os • 2 tomates • 2 pommes
• 1/2 citron

Marinade :

1 cuil. à café de girofle en poudre • 2 cuil. à soupe d'huile
d'olive • 1 citron • 1 pincée de piment de Cayenne • sel, poivre

---

Réalisation

Préparez la marinade : pressez le citron, mélangez
dans un plat creux le jus obtenu avec l'huile, la girofle,
le piment de Cayenne, un peu de sel et de poivre.
Découpez le porc en cubes, mettez-les dans la marinade, retournez-les plusieurs fois pour qu'ils soient
bien enrobés, couvrez le plat et placez au frais pendant 3 heures. Coupez les tomates en quartiers,
épluchez les pommes, coupez-les en tranches épaisses
et citronnez-les pour qu'elles ne noircissent pas.
Égouttez les cubes de porc, et enfilez-les sur des
brochettes huilées en intercalant des quartiers de
tomate et des tranches de pomme. Faites cuire au
barbecue pendant 15 à 20 minutes.

Notre conseil : accompagnez d'une sauce aux olives (recette page 141).

BROCHETTES DE FOIES DE VOLAILLE AU THYM

4 pers. **Prép :** 10 min **Marinade :** 1 h **Cuisson :** 15 min

20 foies de volaille • 4 tranches de poitrine fumée • 2 cuil. à soupe d'huile d'olive • 3 cuil. à soupe de thym effeuillé • 1 pincée de piment de Cayenne • sel

Réalisation

Préparez une huile parfumée en mélangeant dans un bol l'huile d'olive avec le thym, un peu de sel et le piment de Cayenne. Mélangez et laissez infuser au moins 1 heure.

Nettoyez les foies de volaille. Coupez la poitrine fumée en morceaux de la taille des foies. Répartissez les foies et les lardons sur des brochettes huilées, badigeonnez d'huile parfumée et faites cuire environ 15 minutes en retournant les brochettes à mi-cuisson.

Notre conseil : accompagnez ces brochettes de tomates à la provençale (recette page 121) et/ou de brochettes de champignons aux lardons (recette page 107).

BROCHETTES DE POULET À LA MANGUE ET AU CURRY

4 pers. **Préparation :** 10 min **Marinade :** 3 h **Cuisson :** 15 min

---

800 g de filets de poulet • 1 mangue • 1 poivron rouge
Marinade :
2 cuil. à café de curry en poudre • 2 cuil. à soupe d'huile
•1/2 citron • sel, poivre

Réalisation

Préparez la marinade : pressez le citron. Mélangez dans un plat creux le jus de citron avec l'huile, le curry et un peu de sel et de poivre.

Détaillez les blancs de poulet en cubes et mettez-les dans la marinade. Retournez-les plusieurs fois pour qu'ils soient bien enrobés, couvrez le plat et laissez au frais pendant 3 heures. Pelez la mangue, coupez la chair en cubes. Ouvrez le poivron, épépinez-le et coupez-le en morceaux. Égouttez le poulet et composez les brochettes en intercalant des cubes de poulet, des cubes de mangue et des morceaux de poivron. Faites cuire les brochettes pendant environ 15 minutes en les retournant à mi-cuisson.

Notre conseil : servez avec une sauce au piment et au citron vert, (recette page 142) par exemple.

BROCHETTES DE POULET À LA MAROCAINE

4 pers. **Prép** : 10 min **Marinade** : 3 h **Cuisson** : 15 min

---

800 g de blancs de poulet
Marinade :
1 oignon • 2 gousses d'ail • 1 citron • 1 cuil. à café de curcuma
• 1 cuil. à café de cumin en poudre • 2 cuil. à soupe d'huile
d'olive • 2 branches de persil plat • 2 branches de coriandre
• 1 pincée de piment de Cayenne • sel, poivre

Réalisation

Préparez la marinade : épluchez et hachez l'ail et
l'oignon. Hachez-les avec les herbes. Pressez le citron.
Versez le jus dans un plat creux, ajoutez l'huile, les
épices, le piment, les herbes, l'ail et l'oignon, un
peu de sel et de poivre. Mélangez bien.
Détaillez les blancs de poulet en cubes, mettez-les
dans la marinade, retournez-les plusieurs fois pour
qu'ils soient bien imprégnés, couvrez le plat et laissez reposer au frais pendant 3 heures. Égouttez les
cubes de poulet, enfilez-les sur des brochettes et
faites cuire 15 minutes en les retournant régulièrement. Accompagnez de marinade dans une saucière.

BROCHETTES DE POULET À LA NORMANDE

4 pers. **Prép :** 10 min **Marinade :** 10 min **Cuisson :** 15 min

800 g de blancs de poulet • 2 pommes • 1/2 citron
Marinade :
1 citron non traité • 1 cuil. à soupe de calvados • 2 cuil. à soupe
d'huile d'olive • 1 cuil. à soupe de sucre • sel, poivre

Réalisation

Préparez la marinade : prélevez le zeste du citron avec un couteau économe et hachez-le. Pressez le fruit. Mettez le zeste et le jus du citron dans un plat creux, ajoutez l'huile, le calvados, le sucre et un peu de sel et de poivre. Mélangez bien. Coupez les blancs de poulet en cubes, et mettez-les dans la marinade. Retournez-les pour bien les enrober, couvrez le plat et laissez reposer au frais environ 10 minutes. Pendant ce temps, épluchez les pommes et coupez la chair en cubes. Citronnez-les avec le demi-citron restant. Égouttez les cubes de poulet, embrochez-les en alternant avec des cubes de pomme et faites griller au barbecue pendant environ 15 minutes.

BROCHETTES DE POULET À L'ASIATIQUE

4 pers. **Prép :** 10 min **Marinade :** 3 h **Cuisson :** 15 min

800 g de blancs de poulet
Marinade :
150 g de cacahuètes grillées • 30 cl de lait de coco • 2 oignons blancs • 2 gousses d'ail • 2 cuil. à soupe de sauce de soja • 2 cuil. à soupe d'huile d'arachide • 1 cuil. à café de cassonade • 1 citron vert non traité • 3 pincées de piment •1/2 bouquet de coriandre • sel, poivre

Réalisation

Préparez la marinade : prélevez le zeste du citron vert avec un couteau économe. Pressez le fruit. Épluchez les oignons et l'ail, mixez-les avec le zeste et le jus de citron ainsi que les cacahuètes, le lait de coco, l'huile, la sauce de soja, le piment et la cassonade, un peu de sel et de poivre. Versez cette préparation dans un saladier.

Détaillez le poulet en cubes et mettez-les dans la marinade en les retournant pour que tous les morceaux soient imprégnés. Couvrez le saladier et réservez au frais pendant 3 heures. Égouttez les morceaux de poulet, enfilez-les sur des brochettes huilées et faites-les cuire pendant environ 15 minutes en les retournant à mi-cuisson. Émulsionnez la marinade au fouet, ajoutez la coriandre ciselée et versez dans une saucière. Servez les brochettes avec la marinade et un riz basmati.

BROCHETTES DE POULET AU SÉSAME

4 pers. **Prép :** 10 min **Marinade :** 3 h **Cuisson :** 15 min

800 g de blancs de poulet • 3 cuil. à soupe de graines de sésame
Marinade :
2 gousses d'ail • 3 cuil. à soupe de sauce de soja • 2 cuil. à soupe d'huile • 3 cm de gingembre frais • 3 cuil. à soupe de sucre en poudre • 1 cuil. à soupe de vinaigre de xérès • poivre

Réalisation

Préparez la marinade : épluchez l'ail, écrasez-le au presse-ail au-dessus d'un plat creux. Râpez le gingembre et mettez-le dans le plat. Versez dans le plat la sauce de soja, l'huile, le vinaigre, ajoutez le sucre en poudre et un peu de poivre. Mélangez bien jusqu'à ce que le sucre soit fondu.

Coupez le poulet en cubes, mettez-les dans la marinade et retournez-les plusieurs fois pour qu'ils soient bien enrobés. Couvrez le plat et laissez au frais pendant environ 3 heures. Versez les graines de sésame dans une assiette creuse. Égouttez les cubes de poulet, roulez-les dans les graines de sésame et enfilez-les sur des brochettes. Faites cuire au barbecue pendant environ 15 minutes en les retournant régulièrement.

BROCHETTES DE POULET AU CITRON VERT

4 pers. **Prép :** 10 min **Marinade :** 3 h **Cuisson :** 15 min

4 blancs de poulet de 200 g chacun • 1 citron vert
Marinade :
2 citrons verts • 1 cuil. à café de cumin en poudre • 1 cuil. à café de ras-el-hanout • 2 cuil. à soupe d'huile d'olive • 1 pincée de piment de Cayenne • 2 cm de gingembre frais • sel, poivre

Réalisation

Préparez la marinade : râpez le gingembre et mettez-le dans un plat creux. Pressez les citrons verts et versez le jus dans le plat. Ajoutez l'huile d'olive, le cumin, le ras-el-hanout, le piment et un peu de sel et de poivre. Mélangez bien.

Coupez les blancs de poulet en cubes, mettez-les dans la marinade, retournez-les pour qu'ils soient enrobés, couvrez le plat et laissez reposer au frais pendant 3 heures. Coupez le citron vert restant en petits morceaux, égouttez les cubes de poulet, et composez les brochettes en alternant poulet et citron vert. Faites griller les brochettes pendant 15 minutes en les retournant régulièrement.

BROCHETTES DE POULET AUX FRUITS

4 pers. **Prép :** 10 min **Marinade :** 3 h **Cuisson :** 15 min

800 g de blancs de poulet • 2 abricots • 2 figues • 4 pruneaux • 2 cuil. à soupe de graines de sésame
Marinade :
1 citron • 3 cuil. à soupe d'huile d'olive • 3 cuil. à soupe de miel • 1 cuil. à café de ras-el-hanout • sel, poivre

Réalisation

Préparez la marinade : pressez le citron, versez le jus dans un plat creux, ajoutez l'huile, le miel, le ras-el-hanout et un peu de sel et de poivre. Mélangez bien.

Coupez les blancs de poulet en cubes, mettez-les dans la marinade, retournez-les, couvrez le plat et laissez reposer au frais pendant 3 heures. Ouvrez les abricots en deux, ôtez les noyaux et coupez chaque oreillon en deux. Dénoyautez les pruneaux. Lavez les figues et coupez-les en quatre. Égouttez les cubes de poulet et enfilez-les sur des brochettes en inter-calant des morceaux de fruits. Faites cuire au bar-becue pendant environ 15 minutes. Au moment de

servir, enduisez les brochettes de marinade et saupoudrez-les de graines de sésame.

ESCALOPES DE DINDE GRILLÉES AU CURRY ET AU CITRON

4 pers. **Préparation :** 10 min **Cuisson :** 20 min

4 escalopes de dinde • 200 g de faisselle • 1 citron confit
• 1 cuil. à café de curry en poudre • 1 gousse d'ail • 4 petits
oignons blancs • 3 cuil. à soupe d'huile • sel, poivre

Réalisation

Épluchez et hachez l'ail et les oignons avec le citron
confit. Mettez-les dans un petit saladier, ajoutez la
faisselle bien égouttée, l'huile, le curry, un peu de sel
et de poivre. Mélangez et mettez au frais. Faites
cuire les escalopes au barbecue pendant environ
20 minutes. Servez-les accompagnées de sauce.

BROCHETTES DE PORC EXOTIQUES

4 pers. **Préparation :** 5 min **Marinade :** 3 h **Cuisson :** 15 min

800 g de filet mignon de porc • 1 boîte d'ananas au sirop
Marinade :
2 cm de gingembre frais • 1 cuil. à café de miel • 1 cuil. à café
de sauce de soja • 1 cuil. à café de vinaigre de cidre • 1 bouquet
de menthe • sel, poivre

Réalisation

Préparez la marinade : pelez et hachez le gingembre.
Ciselez les feuilles de menthe. Mettez-les dans un
saladier avec le vinaigre, le miel et la sauce de soja,
le jus de la boîte d'ananas, un peu de sel et de poivre.
Mélangez bien.

Coupez le porc en cubes et mettez-les dans la marinade, retournez-les pour qu'ils soient bien imprégnés,
couvrez le plat et placez-le au frais pendant 3 heures.
Coupez les rondelles d'ananas en quatre. Composez
les brochettes en enfilant alternativement un cube
de porc et un morceau d'ananas. Faites cuire environ 15 à 20 minutes en retournant les brochettes en
cours de cuisson. Versez la marinade dans une casserole et faites-la réduire à feu doux pour obtenir

une consistance sirupeuse. Versez sur les brochettes au moment de servir.

BROCHETTES DE VEAU À LA SAUGE

4 pers. **Prép :** 10 min **Marinade :** 2 h **Cuisson :** 10 min

4 escalopes de veau de 150 g chacune • 8 petits champignons de Paris • 8 oignons grelots
Marinade :
1 citron • 3 cuil. à soupe d'huile d'olive • 1 gousse d'ail • 3 cuil. à soupe de feuilles de sauge • sel, poivre

Réalisation

Préparez la marinade : pressez le citron, versez le jus obtenu dans un plat creux : épluchez l'ail, écrasez-le au presse-ail, ajoutez-le ainsi que l'huile, les feuilles de sauge, et un peu de sel et de poivre. Mélangez bien.

Détaillez les escalopes en lamelles, mettez-les dans la marinade, retournez-les pour qu'elles soient enrobées et laissez reposer environ 2 heures. Lavez les champignons sous l'eau courante, épongez-les. Pelez les oignons. Égouttez la viande, puis composez les brochettes en intercalant des lamelles de viande avec un champignon et un oignon. Faites cuire au barbecue pendant 10 minutes environ en badigeonnant les brochettes de leur marinade et en les retournant régulièrement.

BROCHETTES DE VEAU SAUCE CHILI

4 pers. **Préparation :** 15 min **Cuisson :** 20 min

800 g de noix de veau • 1 poivron rouge • 2 cuil. à soupe d'huile d'olive
Sauce :
3 tomates • 1 poivron vert • 2 oignons • 2 gousses d'ail • 1 cuil. à soupe de chili • 2 cuil. à soupe d'huile d'olive • sel, poivre

Réalisation

Détaillez la viande en cubes, ouvrez le poivron, ôtez les graines et les parties blanches et découpez-les en morceaux de la taille des cubes de viande.

Préparez la sauce : pelez les tomates, épépinez-les et coupez la chair en petits dés. Pelez le poivron, enlevez les graines et les parties blanches et coupez la chair également en petits dés. Épluchez ail et oignons, hachez-les. Faites chauffer l'huile dans une casserole, ajoutez les légumes, saupoudrez de chili, salez, poivrez et faites cuire à très petit feu pendant 10 minutes. Vérifiez l'assaisonnement : la sauce doit être assez relevée. Ajoutez du chili si nécessaire. Répartissez les cubes de viande et les morceaux de poivron sur quatre brochettes et faites-les griller pendant environ 15 minutes en les retournant à mi-cuisson. Servez avec la sauce en saucière.

CÔTE DE BŒUF FARCIE

4 pers. **Préparation :** 20 min **Cuisson :** 40 min

1 côte de bœuf de 1,4 kg fendue en deux dans l'épaisseur
• 1 tranche de jambon de pays • 150 g de champignons de Paris
• 2 tranches de pain de mie • 2 petits oignons blancs
• 1/2 bouquet de persil • 3 cuil. à soupe de lait • 2 cuil. à soupe
d'huile d'olive • 20 g de beurre • sel, poivre du moulin

Réalisation

Épluchez les oignons, lavez et essuyez les champignons. Hachez grossièrement le jambon, les oignons, les champignons, le persil. Faites revenir ce hachis à feu doux dans une poêle avec le beurre. Écroûtez les tranches de pain, et mettez la mie dans un bol avec le lait, travaillez à la fourchette et ajoutez au hachis. Mélangez bien, salez, poivrez. Farcissez la côte de bœuf avec le mélange. Ficelez-la pour que la farce ne s'échappe pas à la cuisson. Enduisez chaque face de la côte d'un peu d'huile d'olive et faites-la cuire au barbecue pendant 35 à 40 minutes en la retournant régulièrement.

CÔTE DE BŒUF MARINÉE AUX ÉCHALOTES

4 pers. **Préparation :** 10 min **Marinade :** 3 h **Cuisson :** 25 min

1 côte de bœuf de 1, 5 kg
Marinade :
6 échalotes • 1 branche de thym • 6 cuil. à soupe d'huile d'olive • poivre

Réalisation

Épluchez et hachez les échalotes, mettez-les dans un plat creux, versez l'huile, effeuillez le thym, poivrez et mélangez bien.

Placez la côte de bœuf dans la marinade et laissez-la reposer à température ambiante pendant 3 heures.

Faites-la cuire au barbecue environ 25 minutes en la retournant toutes les 5 minutes et en la badigeonnant de marinade au pinceau à chaque fois.

Notre conseil : servez avec des pommes de terre en papillote (recette page 113).

CÔTES D'AGNEAU À LA CRÈME D'AIL

4 pers. **Préparation :** 10 min **Cuisson :** 25 min

8 côtes d'agneau • 1 cuil. à café de thym effeuillé • 1 cuil. à café de quatre-épices • sel, poivre
Sauce :
2 têtes d'ail • 10 cl de crème • sel, poivre

Réalisation

Mettez le thym, le quatre-épices et un peu de sel et de poivre dans une assiette creuse. Enrobez les côtes d'agneau de ce mélange.

Épluchez les gousses des deux têtes d'ail et ôtez le germe. Plongez les gousses dans une casserole d'eau bouillante et laissez frémir 15 minutes. Mixez les gousses avec la crème et un peu de sel et de poivre. Versez dans une saucière.

Faites griller les côtes d'agneau au barbecue pendant environ 10 minutes en les retournant à mi-cuisson. Servez-les avec la crème d'ail.

Nos conseils : vous pouvez remplacer les côtes par des tranches de gigot ou composer des brochettes en coupant en cubes 900 g d'épaule d'agneau désossée.

CUISSES DE LAPIN MARINÉES AU THYM

4 pers. **Prép :** 10 min **Marinade :** 3 h **Cuisson :** 20 min

4 cuisses de lapin
Marinade :
2 cuil. à soupe de thym effeuillé • 15 cl de vin blanc • 2 cuil.
à soupe d'huile d'olive • 1 gousse d'ail • sel, poivre

Réalisation

Épluchez l'ail, écrasez la pulpe au presse-ail au-dessus d'un plat creux. Ajoutez le vin blanc, l'huile d'olive, le thym et un peu de sel et de poivre. Mélangez et mettez les cuisses de lapin dans cette marinade. Retournez-les pour qu'elles soient bien enrobées, couvrez le plat et laissez reposer 3 heures. Égouttez-les et faites-les griller pendant environ 20 minutes en les retournant souvent.

Notre conseil : servez avec une sauce fraîcheur à la moutarde (recette page 151).

CUBES DE CANARD À L'ANANAS

4 pers. **Prép :** 10 min **Marinade :** 3 h **Cuisson :** 15 min

2 magrets de canard de 350 g chacun • 1 ananas frais
• 1 poivron rouge
Marinade :
3 cm de gingembre frais • 2 cuil. à soupe de sauce de soja
• 2 cuil. à soupe d'huile

Réalisation

Épluchez l'ananas et coupez la chair en gros dés en
recueillant le jus dans un plat creux. Versez l'huile
et la sauce de soja dans le plat, râpez le gingembre
frais au-dessus, mélangez bien.

Ôtez la peau des magrets, coupez la chair en cubes,
et mettez-les dans le plat. Retournez-les pour qu'ils
soient bien enrobés, couvrez le plat et laissez au frais
pendant au moins 3 heures. Lavez le poivron,
essuyez-le, coupez-le en deux, puis épépinez-le.
Coupez la chair en dés. Égouttez les cubes de canard,
embrochez-les en alternant avec des morceaux d'ananas et de poivron. Faites griller pendant 15 minutes
environ.

CÔTES D'AGNEAU AUX HERBES

4 pers. **Prép :** 5 min **Marinade :** 3 h **Cuisson :** 10 min

8 côtes d'agneau
Marinade :
2 cuil. à soupe de thym effeuillé • 2 cuil. à soupe d'origan
• 1 branche de romarin • 2 feuilles de laurier •1/2 citron
• 3 cuil. à soupe d'huile d'olive • sel, poivre

Réalisation

Versez l'huile dans un plat creux, ajoutez le jus du
citron, le thym, l'origan, le romarin, les feuilles de
laurier brisées entre les doigts, du sel et du poivre.
Mélangez bien. Mettez les côtes d'agneau dans la
marinade en les retournant plusieurs fois pour bien
les enrober. Couvrez et laissez reposer pendant au
moins 3 heures. Égouttez bien les côtes avant de les
faire griller pendant environ 10 minutes en les
retournant à mi-cuisson.

Notre conseil : accompagnez d'une salade de semoule
aux raisins secs (recette page 118) ou de pois chiche
au citron (recette page 117).

ÉPIGRAMME D'AGNEAU AUX AROMATES

4 pers. **Prép :** 10 min **Marinade :** 4 h **Cuisson :** 25 min

1,5 kg d'épigramme d'agneau
Marinade :
3 cuil. à soupe d'huile d'olive • 1 citron non traité • 1 cuil.
à café de poivre blanc concassé • 2 feuilles de laurier
• 2 branches de thym • 2 branches de romarin • sel

Réalisation

Préparez la marinade : prélevez le zeste du citron avec un couteau économe et râpez-le. Mixez les feuilles de laurier avec le thym et le romarin effeuillés. Versez l'huile dans un plat creux, ajoutez le zeste de citron, les herbes mixées, le poivre et un peu de sel. Mélangez.

Coupez l'épigramme en morceaux et mettez-les dans la marinade en les retournant pour qu'ils soient bien enrobés. Couvrez et placez au frais pendant 4 heures. Faites cuire au barbecue pendant 25 minutes en retournant les morceaux à mi-cuisson.

ÉPIGRAMME DE VEAU À LA SAUGE

4 pers. **Préparation :** 10 min **Marinade :** 4 h **Cuisson :** 25 min

1,5 kg d'épigramme de veau
Marinade :
4 cuil. à soupe d'huile d'olive • 2 citrons non traités
• 10 feuilles de sauge fraîche • 1 cuil. à café de poivre blanc
concassé • sel

Réalisation

Coupez les citrons en fines rondelles, mettez-les dans un plat creux, ajoutez le poivre, un peu de sel, les feuilles de sauge grossièrement écrasées entre les doigts et l'huile. Mélangez bien.

Coupez l'épigramme en morceaux et mettez-les dans la marinade en les retournant pour qu'ils soient bien enrobés. Couvrez le plat et placez au frais pendant 4 heures. Égouttez les morceaux de viande et faites-les griller au barbecue pendant environ 25 minutes en les retournant régulièrement.

FILETS DE POULET MARINÉS AU CITRON VERT

4 pers. **Prép :** 5 min **Marinade :** 3 h **Cuisson :** 15 min

4 filets de poulet de 150 g environ chacun
Marinade :
4 cuil. à soupe de jus de citron vert • 4 cuil. à soupe d'huile
d'olive • 2 gousses d'ail • 1 cuil. à soupe de vinaigre balsamique
• sel, poivre

Réalisation

Préparez la marinade : épluchez les gousses d'ail,
pressez-les au-dessus d'un plat creux avec un presse-
ail. Ajoutez dans le plat le jus de citron vert, l'huile
et un peu de sel et de poivre. Mélangez.

Mettez les filets de poulet dans le plat en les retournant plusieurs fois pour qu'ils soient bien imprégnés. Couvrez le plat et laissez mariner pendant
3 heures au frais. Égouttez les filets et faites-les cuire
au barbecue pendant 15 à 20 minutes en les retournant à mi-cuisson.

FILETS DE POULET PANÉS AUX HERBES

4 pers. **Préparation :** 10 min **Cuisson :** 15 min

4 filets de poulet • 4 cuil. à soupe de chapelure • 1/2 bouquet de ciboulette • 1/2 bouquet de persil plat • 1 œuf • 2 gousses d'ail • sel, poivre

Réalisation

Épluchez l'ail, hachez-le. Effeuillez le persil, cise-lez la ciboulette. Mixez l'ail avec les herbes. Mélangez dans une assiette creuse cette préparation avec la chapelure. Battez l'œuf en omelette dans une assiette creuse, salez, poivrez. Trempez les filets de poulet suc-cessivement dans l'œuf battu puis dans le mélange chapelure/herbes. Appuyez pour bien faire adhérer. Faites cuire au barbecue pendant environ 10 mi-nutes en retournant à mi-cuisson.

Notre conseil : accompagnez ce plat d'un beurre d'herbes (recette page 134).

FILETS MIGNONS À LA GRECQUE

4 pers. **Préparation :** 5 min **Marinade :** 3 h **Cuisson :** 20 min

2 filets mignons de porc
Marinade :
2 yaourts de brebis • 1/2 citron • 2 gousses d'ail • 1 cuil. à café
de gingembre moulu • 1 cuil. à café de pâte de piment • 1 cuil.
à café de curry en poudre • sel, poivre

Réalisation

Préparez la marinade : pressez le citron. Écrasez l'ail
au presse-ail. Versez les yaourts dans un saladier,
ajoutez l'ail écrasé, le jus de citron et les épices. Salez
et poivrez. Mélangez.

Coupez le filet mignon en quatre parts égales.
Mettez-les dans la marinade, retournez-les pour
qu'elles soient bien imprégnées, couvrez le plat et laissez au frais pendant 3 heures au minimum. Égouttez la viande et faites-la griller au barbecue pendant
20 minutes environ en la retournant à mi-cuisson.

Notre conseil : accompagnez de concombre raïta
(recette page 110).

FILETS MIGNONS GRILLÉS
À LA SAUGE

4 pers. **Prép :** 5 min **Marinade :** 3 h **Cuisson :** 30 min

2 filets mignons de porc • 8 gousses d'ail • 4 cuil. à soupe de feuilles de sauge • 4 cuil. à soupe d'huile • sel, poivre

Réalisation

Préparez la marinade : pelez les gousses d'ail, hachez-les, mettez-les dans un plat creux. Arrosez d'huile, saupoudrez de feuilles de sauge, salez, poivrez et mélangez bien.

Mettez les filets mignons dans la marinade, retournez-les plusieurs fois pour qu'ils soient bien enrobés, couvrez le plat et laissez reposer pendant 3 heures à température ambiante. Égouttez les filets et faites-les cuire au barbecue doucement pendant 30 minutes en les badigeonnant très souvent de marinade et en les retournant régulièrement. Faites chauffer le reste de marinade et servez en saucière.

Notre conseil : accompagnez d'un risotto au safran (recette page 114).

GRILLADES DE BŒUF CHIMICHURRI

4 pers. **Préparation :** 10 min **Marinade :** 3 h **Cuisson :** 5 min

4 steaks de 150 g environ chacun
Marinade :
1 bouquet de persil plat • 1 bouquet de coriandre • 1 bouquet de menthe • 6 gousses d'ail • 1/2 cuil. à café de piment en poudre • 3 cuil. à soupe de vinaigre de vin • 6 cuil. à soupe d'huile d'olive • sel, poivre

Réalisation

Épluchez les gousses d'ail, hachez-les avec toutes les herbes. Mettez-les dans un plat creux, ajoutez du sel, du poivre, le piment, le vinaigre et l'huile. Mélangez bien.

Mettez les steaks dans la marinade et retournez-les pour bien les enrober. Couvrez et laissez reposer 3 heures à température ambiante. Faites cuire les steaks au barbecue pendant 5 minutes environ selon la cuisson désirée en les retournant à mi-cuisson. Servez avec la marinade.

KEFTAS D'AGNEAU AUX HERBES ET AUX ÉPICES

4 pers. **Préparation :** 10 min **Attente :** 1 h **Cuisson :** 15 min

600 g d'épaule d'agneau • 2 petits oignons blancs • 2 gousses d'ail • 1/2 bouquet de coriandre • 1/2 bouquet de persil • 1/2 cuil. à café de cumin en poudre • 1/2 cuil. à café de gingembre en poudre • 1/2 cuil. à café de cannelle en poudre • sel, poivre

Réalisation

Épluchez les oignons et l'ail. Hachez-les avec l'agneau et les herbes. Mettez-les dans une jatte, ajoutez les épices et mélangez bien. Formez des boulettes de la taille d'une noix et enfilez-les sur une pique en bois. Mettez au réfrigérateur au moins 1 heure avant de les faire cuire afin qu'elles ne se défassent pas à la cuisson. Faites cuire au barbecue environ 15 minutes en les retournant délicatement. Servez avec des rondelles de citron.

Notre suggestion : accompagnez de caviar d'aubergines ou de salade de pois chiches au citron (recettes page 117).

MAGRETS DE CANARD AUX QUATRE-ÉPICES

4 pers. **Préparation :** 5 min **Cuisson :** 15 à 20 min

2 magrets de 350 g chacun • 2 cuil. à soupe de quatre-épices • sel, poivre

Réalisation

Versez le quatre-épices dans une assiette creuse, ajoutez du sel et du poivre et mélangez bien.

Ôtez la peau des magrets, coupez-les en deux dans le sens de l'épaisseur s'ils sont très épais, et enduisez-les de quatre-épices. Faites griller au barbecue pendant 15 à 20 minutes selon le degré de cuisson désiré.

Notre conseil : servez avec une sauce au melon (recette page 140) ou une sauce à l'orange (recette page 137) ou encore un chutney de mangues (recette page 135).

MAGRETS DE CANARD GRILLÉS AU PORTO

4 pers. **Préparation :** 15 min **Marinade :** 3 h **Cuisson :** 20 min

2 magrets de canard de 350 g environ chacun
Marinade :
2 échalotes • 4 cuil. à soupe de porto • 4 clous de girofle
• 1 orange • sel, poivre

Réalisation

Préparez la marinade : épluchez et hachez les échalotes, mettez-les dans un plat creux ; pressez l'orange, versez le jus dans le plat, ajoutez le porto, les clous de girofle écrasés, un peu de sel et de poivre, mélangez bien.

Ôtez la peau des magrets, mettez-les dans la marinade, retournez-les pour qu'ils soient imprégnés, couvrez le plat et laissez reposer à température ambiante pendant 3 heures. Égouttez-les et faites-les cuire au barbecue pendant environ 20 minutes. Pendant ce temps, versez la marinade dans une casserole et faites réduire jusqu'à obtention d'une consistance sirupeuse. Coupez les magrets en tranches et arrosez-les de sauce.

MIXED GRIL

4 pers. **Prép :** 10 min **Infusion :** 2 h **Cuisson :** 25 min

4 côtes d'agneau • 4 rognons d'agneau • 4 chipolatas
• 4 tranches de lard frais • 4 tranches de bacon • 4 têtes de
gros champignons de Paris • 2 grosses tomates • 6 cuil. à soupe
d'huile d'olive • 2 cuil. à soupe de thym effeuillé

Réalisation

Versez l'huile dans un bol, ajoutez le thym et laissez infuser au moins 2 heures. Ouvrez les rognons
en deux, piquez les chipolatas de quelques coups de
fourchette. Lavez et essuyez les têtes des champignons, coupez les tomates en deux. Badigeonnez les
viandes et les légumes d'huile parfumée. Mettez
d'abord à cuire les tomates, les champignons et les
chipolatas au centre du barbecue, retournez-les au
bout de 5 minutes, continuez la cuisson 5 minutes,
puis placez-les sur les bords du barbecue ; mettez
ensuite au centre les côtes d'agneau, puis les rognons
et les tranches de lard frais, retournez-les au bout de
5 minutes et poursuivez la cuisson. Terminez par le
bacon qui cuit en 5 minutes.

Notre conseil : servez avec des chips et un beurre d'herbes (recette page 134).

PAVÉS DE BŒUF GRILLÉS AU THYM

4 pers. **Préparation :** 10 min **Cuisson :** 8 à 10 min

4 pavés de bœuf de 150 g environ chacun • 2 gousses d'ail • 4 cuil. à soupe de chapelure • 2 cuil. à café de thym • 2 cuil. à soupe d'huile d'olive • sel, poivre

Réalisation

Épluchez les gousses d'ail et écrasez-les au presse-ail en recueillant la pulpe dans une assiette creuse. Ajoutez l'huile, la chapelure, le thym, un peu de sel et de poivre et mélangez intimement pour obtenir une pâte. Roulez les pavés dans cette pâte en appuyant avec les doigts pour la faire adhérer. Faites cuire les pavés au barbecue de 8 à 10 minutes selon le degré de cuisson désiré en les retournant régulièrement.

Notre conseil : servez avec une sauce à l'oignon (recette page 136).

PAUPIETTES DE PORC EN PAPILLOTES

4 pers. **Préparation :** 15 min **Cuisson :** 40 min

4 grillades de porc • 2 tranches de jambon de pays • 200 g de champignons de Paris • 2 échalotes • 6 cuil. à soupe de vermouth • 2 cuil. à soupe de crème fraîche • 10 g de beurre • sel, poivre

Réalisation

Lavez les champignons, émincez-les finement. Épluchez les échalotes, hachez-les, ainsi que le jambon de pays. Faites revenir dans une poêle avec le beurre les champignons, le jambon et les échalotes. Mélangez bien, mouillez avec le vermouth, salez, poivrez et laissez réduire un peu. Ajoutez la crème. Placez chaque grillade sur un carré de papier d'aluminium ménager, recouvrez-les de farce, puis roulez-les en enfermant la farce. Maintenez avec une ficelle ou une pique en bois. Refermez chaque papillote hermétiquement et faites cuire dans les braises du barbecue pendant environ 40 minutes.

POULET À LA CITRONNELLE

4 pers. **Préparation :** 10 min **Marinade :** 3 h **Cuisson :** 15 min

4 blancs de poulet • 4 cuil. à soupe de cacahuètes nature
•1/2 bouquet de coriandre
Marinade :
2 cuil. à soupe de citronnelle hachée • 3 cm de gingembre frais
• 1 brique de lait de coco • 2 gousses d'ail • 1 cuil. à soupe de
purée de piment

Réalisation

Préparez la marinade : épluchez les gousses d'ail, écrasez-les avec un presse-ail, mettez la pulpe dans un plat creux ; râpez le gingembre, ajoutez-le à l'ail, ainsi que la purée de piment, la citronnelle et le lait de coco. Mélangez bien.

Mettez les blancs de poulet dans la marinade, retournez-les pour qu'ils soient bien imprégnés, couvrez le plat et laissez au frais pendant 3 heures. Égouttez les blancs de poulet et faites-les griller environ 15 minutes en les enduisant de marinade et en les retournant régulièrement. Concassez les cacahuètes, ciselez la coriandre, mélangez-les et saupoudrez les brochettes de ce mélange avant de servir.

POULET COCO

4 pers. **Prép:** 15 min **Marinade :** 3 h **Cuisson :** 15 min

800 g de blancs de poulet • 1 poivron rouge
Marinade :
1 oignon • 20 cl de lait de coco • 2 cuil. à soupe d'huile
• 1/2 cuil. à café de curry en poudre • sel, poivre

Réalisation

Épluchez l'oignon, hachez-le finement, mettez-le
dans un plat creux, ajoutez l'huile, le lait de coco,
le curry et un peu de sel et de poivre. Mélangez bien.
Mettez les blancs de poulet dans la marinade, retournez-les pour qu'ils soient enrobés, couvrez le plat
et laissez reposer au frais pendant 3 heures. Lavez le
poivron, ôtez les graines et les parties blanches,
coupez-le en morceaux. Égouttez le poulet et faites-
le cuire au barbecue avec les morceaux de poivron
pendant environ 15 minutes.

POULET GRILLÉ AU CURRY PIMENTÉ

4 pers. **Préparation :** 5 min **Marinade :** 3 h **Cuisson :** 15 min

4 filets de poulet
Marinade :
1 yaourt velouté • 1 gousse d'ail • 2 cuil. à soupe de pâte de curry fort • 1 citron vert • sel

Réalisation

Épluchez la gousse d'ail, écrasez-la au presse-ail au-dessus d'un plat creux. Pressez le citron vert, versez 2 cuillerées à soupe de jus dans le plat, ajoutez le yaourt, la pâte de curry et un peu de sel.

Mettez les filets de poulet dans la marinade, retournez-les plusieurs fois pour qu'ils soient bien enrobés et laissez reposer au frais pendant 3 heures. Faites griller au barbecue pendant 15 à 20 minutes en enduisant régulièrement les morceaux de poulet de marinade.

Notre conseil : servez avec du riz basmati et du concombre raïta (recette page 110).

POULET NOUVELLE-ORLÉANS

4 pers. **Préparation :** 10 min **Cuisson :** 20 min

4 blancs de poulet • 4 chipolatas • 8 tranches fines de lard fumé • 2 cuil. à soupe de farine • 1 œuf • 4 cuil. à soupe de chapelure • 1 pincée de piment de Cayenne • sel, poivre

Réalisation

Battez l'œuf en omelette dans une assiette creuse, ajoutez du sel, du poivre et le piment de Cayenne. Versez la farine dans une autre assiette creuse, et la chapelure dans une troisième assiette creuse. Trempez les blancs de poulet successivement dans l'œuf, dans la farine, puis dans la chapelure. Mettez-les dans un plat et laissez au frais pendant 30 minutes environ. Faites griller au barbecue les blancs de poulet et les chipolatas pendant 15 à 20 minutes, et les tranches de lard pendant 2 minutes. Servez immédiatement.

Notre conseil : accompagnez ce plat de tomates au four, de chips ou d'épis de maïs grillés (recette page 112).

TRANCHES DE GIGOT AU PISTOU

4 pers. **Prép :** 10 min **Marinade :** 3 h **Cuisson :** 10 min

4 tranches de gigot d'agneau
Marinade :
1 bouquet de basilic • 4 gousses d'ail • 60 g de parmesan
• 30 g de pignons de pin • 6 cuil. à soupe d'huile d'olive • sel,
poivre

Réalisation

Préparez la marinade : épluchez les gousses d'ail, effeuillez le basilic, mettez-les dans le bol du mixeur avec le parmesan, les pignons de pin, un peu de sel et de poivre, mixez en versant peu à peu l'huile d'olive.

Enduisez les tranches de gigot de pistou et laissez reposer 3 heures au frais. Faites griller la viande au barbecue pendant environ 10 minutes en la retournant à mi-cuisson. Servez avec le reste de pistou en saucière.

POULET TANDOORI

4 pers. **Prép :** 10 min **Marinade :** 30 min **Cuisson :** 15 min

8 découpes de poulet
Marinade :
2 cuil. à soupe de pâte tandoori • 2 yaourts nature • 2 citrons
• sel, poivre

Réalisation

Préparez la marinade : pressez les citrons et versez le jus dans un plat creux. Mélangez la pâte tandoori avec les yaourts et versez la sauce obtenue dans le plat, ajoutez du sel et un peu de poivre, mélangez bien. Mettez les morceaux de poulet dans la marinade et retournez-les plusieurs fois pour qu'ils s'imprègnent. Couvrez le plat et laissez reposer au frais 30 minutes. Faites cuire les morceaux de poulet au barbecue en les badigeonnant régulièrement de marinade et en les retournant souvent.

Nos conseils : servez avec du concombre raïta (recette page 110), du riz basmati et de la salade verte. Vous pouvez utiliser des blancs de poulet et les couper en cubes pour confectionner des brochettes.

RIBS À L'AMÉRICAINE

4 pers. **Prép :** 10 min **Marinade :** 3 h **Cuisson :** 30 min

1,5 kg de travers de porc
Marinade :
1 gousse d'ail • 5 cuil. à soupe de ketchup • 1 cuil. à soupe de
moutarde forte • 2 cuil. à soupe de vinaigre de cidre • 1 cuil.
à soupe de cassonade • 1 cuil. à soupe d'huile d'olive • sel,
poivre

Réalisation

Préparez la marinade : épluchez l'ail et écrasez la
pulpe au presse-ail. Mettez-la dans un plat creux.
Ajoutez tous les autres ingrédients et mélangez bien.
Coupez les travers en portions et mettez-les dans la
marinade. Retournez-les plusieurs fois pour qu'ils
soient bien enrobés. Couvrez le plat et laissez au
frais pendant environ 3 heures. Égouttez les travers
et faites-les cuire au barbecue pendant 30 minutes
en les retournant régulièrement.

Notre conseil : servez avec des tomates, des épis de
maïs grillés (recette page 112) ou des chips.

TRANCHES DE GIGOT AU CUMIN

4 pers. **Prép :** 5 min **Marinade :** 3 h **Cuisson :** 10 min

4 tranches de gigot d'agneau • 3 gousses d'ail • 2 cuil. à soupe de cumin en graines • 1 cuil. à soupe de cumin en poudre • 2 cuil. à soupe d'huile d'olive • sel, poivre

Réalisation

Préparez la marinade : épluchez l'ail, écrasez-le avec un presse-ail et mettez-le dans un plat creux. Arrosez d'huile, saupoudrez de cumin, salez, poivrez, mélangez.

Mettez les tranches de gigot dans cette marinade, couvrez le plat et laissez reposer pendant 3 heures.

Égouttez la viande et faites-la griller au barbecue environ 10 minutes en la retournant à mi-cuisson.

Notre conseil : accompagnez de ratatouille, de concombre raïta (recette page 110) ou de salade de semoule aux raisins secs (recette page 118).

TRAVERS DE PORC GRILLÉ À L'ORIENTALE

4 pers. **Prép :** 10 min **Marinade :** 3 h **Cuisson :** 25 min

1,5 kg de travers de porc
Marinade :
2 gousses d'ail • 2 petits oignons blancs • 4 cuil. à soupe de sauce de soja • 3 cuil. à soupe de miel liquide • 2 cuil. à soupe de concentré de tomates • 1 cuil. à café de citronnelle en poudre • 1 cuil. à café de cinq-épices • sel, poivre

Réalisation

Préparez la marinade : épluchez l'ail, écrasez-le au presse-ail au-dessus d'un plat creux. Épluchez et hachez les oignons, ajoutez-les à l'ail écrasé. Ajoutez la sauce de soja, le miel, le concentré de tomate, les épices et un peu de sel et de poivre. Mélangez bien. Coupez le travers en morceaux, mettez-les dans la marinade, retournez-les pour qu'ils soient bien enrobés, couvrez le plat et laissez reposer au frais pendant au moins 3 heures. Faites cuire les travers au barbecue pendant environ 20 minutes en les retournant souvent.

BROCHETTES DE PORC AU CHORIZO

4 pers. **Préparation** : 10 min **Cuisson** : 20 min

800 g de porc maigre • 200 g de chorizo • 2 cuil. à soupe d'huile d'olive • sel, poivre

Réalisation

Coupez la viande en cubes, et le chorizo en rondelles de 5 mm d'épaisseur. Répartissez-les sur quatre brochettes huilées. Versez l'huile dans un bol, salez, poivrez et badigeonnez-en les brochettes.
Faites-les cuire au barbecue pendant environ 20 minutes en les retournant régulièrement.

Notre conseil : accompagnez de rizotto au safran par exemple (recette page 114) ou de légumes grillés (recette page 111).

BROCHETTES DE BOUDINS BICOLORES

4 pers. **Préparation :** 5 min **Cuisson :** 10 min

16 boudins noirs cocktail • 16 boudins blancs cocktail
• 8 tomates cerise

Réalisation

Enfilez sur des brochettes huilées en les alternant
les boudins noirs et blancs et les tomates. Faites-les
cuire au barbecue pendant 10 minutes en les retournant souvent.

Notre conseil : servez ces petites brochettes en apé-
ritif ou en entrée.

LES LÉGUMES ET LES SALADES

•

BROCHETTES DE CHAMPIGNONS AUX LARDONS

4 pers. **Préparation** : 10 min **Cuisson** : 15 min

16 gros champignons de Paris • 3 tranches de poitrine fumée • 2 cuil. à soupe d'huile

Réalisation

Lavez et essuyez les champignons, ôtez les pieds que vous garderez pour une autre préparation. Coupez la poitrine fumée en lardons. Répartissez les têtes de champignon et les lardons sur quatre brochettes, badigeonnez-les d'huile et faites-les griller environ 15 minutes en les retournant régulièrement.

Notre conseil : accompagnez d'un beurre d'escargots (recette page 133) ou d'un beurre d'herbes (recette page 134).

BROCHETTES DE LÉGUMES SAUCE AU CUMIN

4 pers. **Préparation :** 10 min **Cuisson :** 10 min

---

8 mini fenouils • 8 tomates cerise • 8 mini courgettes
Sauce :
2 yaourts veloutés nature • 3 pincées de cumin en poudre
• 1/2 citron • sel, poivre

Réalisation

Enfilez sur des brochettes huilées en les intercalant les tomates cerise, les fenouils et les courgettes. Faites-les cuire sur le barbecue pendant 10 minutes en les retournant régulièrement.

Pressez le citron, versez le jus dans un bol, ajoutez les yaourts, le cumin, du sel et du poivre, mélangez bien. Mettez au frais en attendant de servir.

Notre conseil : servez ces brochettes avec une grillade d'agneau ou encore de la viande froide.

CAVIAR D'AUBERGINE

4 pers. **Préparation :** 10 min **Cuisson :** 15 min

4 aubergines • 3 gousses d'ail • 1 tomate • 10 cl d'huile d'olive
• sel, poivre

Réalisation

Lavez les aubergines, essuyez-les, enlevez le pédoncule et coupez-les en cubes. Pelez la tomate, épépinez-la et coupez la chair en dés. Épluchez l'ail, écrasez-le avec un presse-ail au-dessus d'une cocotte. Ajoutez les tomates, les aubergines et 1 cuillerée à soupe d'huile d'olive, salez et poivrez. Laissez cuire à très petit feu pendant environ 15 minutes en remuant souvent. Ajoutez un peu d'eau si les légumes attachent. Mettez les légumes dans le bol du mixeur, et mixez en versant de l'huile en filet. Vérifiez l'assaisonnement, rectifiez si nécessaire et mettez ce caviar d'aubergine dans une petite terrine. Placez au réfrigérateur et servez bien frais.

CONCOMBRE RAÏTA

4 pers. **Préparation :** 10 min

2 concombres • 1 yaourt de brebis • 2 cuil. à café de graines de cumin • sel, poivre

Réalisation

Pelez les concombres et coupez-les en tranches très fines. Mettez-les dans un saladier, salez, poivrez et versez le yaourt. Faites griller légèrement les graines de cumin dans une poêle sèche et parsemez-les sur les concombres. Mélangez et servez très frais.

Notre conseil : servez cette salade de concombre avec des plats au curry.

LÉGUMES GRILLÉS

4 pers. **Prép** : 10 min **Marinade** : 30 min **Cuisson** : 15 min

2 aubergines • 3 courgettes • 3 cuil. à soupe d'huile d'olive • 2 gousses d'ail • 1 branche de thym • sel, poivre

Réalisation

Épluchez l'ail, pressez-le au-dessus d'un bol, effeuillez le thym, ajoutez l'huile et un peu de sel et de poivre. Mélangez et laissez infuser pendant 30 minutes au moins. Lavez et essuyez les légumes, puis coupez-les en tranches dans le sens de la longueur. Badigeonnez-les d'huile parfumée avec un pinceau. Faites cuire les légumes au barbecue pendant environ 15 minutes en les retournant régulièrement. Servez avec la marinade en saucière.

ÉPIS DE MAÏS GRILLÉS

4 pers. **Préparation :** 5 min   **Cuisson :** 40 min

4 épis de maïs • sel

Réalisation

Enlevez les feuilles et les barbes des épis de maïs et plongez-les dans de l'eau bouillante salée pendant 30 minutes. Égouttez-les puis faites-les griller au barbecue pendant 10 minutes en les retournant régulièrement. Servez avec du beurre et du gros sel.

POMMES DE TERRE EN PAPILLOTES

4 pers. **Préparation :** 5 min **Cuisson :** 45 min

4 très grosses pommes de terre de même taille
Sauce :
25 cl de crème fraîche épaisse • 1 bouquet de ciboulette
(ou de persil plat) • sel, poivre du moulin

Réalisation

Faites cuire les pommes de terre dans de l'eau bouillante pendant 15 minutes. Égouttez-les, enfermez chacune dans un carré de papier d'aluminium ménager. Déposez les pommes de terre sous la braise et laissez cuire environ 30 minutes. Vérifiez la cuisson en piquant dans chaque pomme de terre la pointe d'un couteau. Ciselez la ciboulette, mélangez-la à la crème fraîche, salez, poivrez. Retirez les pommes de terre des braises à l'aide d'une pince. Ouvrez les papillotes, coupez les pommes de terre en deux dans le sens de la longueur et garnissez-les de crème à la ciboulette.

RISOTTO AU SAFRAN

4 pers. **Préparation :** 5 min **Cuisson :** 30 min

200 g de riz rond • 2 cubes de bouillon de volaille • 10 cl de vin blanc sec • 1 oignon • 50 g de parmesan râpé • 50 g de beurre • 1 dose de safran • sel, poivre

Réalisation

Faites fondre les cubes de bouillon de volaille dans 1 litre d'eau bouillante. Épluchez l'oignon, hachez-le et faites-le revenir dans une sauteuse avec la moitié du beurre. Versez le riz et faites cuire à feu très doux en remuant constamment jusqu'à ce que les grains soient translucides. Arrosez de vin blanc sans cesser de mélanger, puis dès que le vin est absorbé, versez une louche de bouillon en continuant à remuer. Versez une nouvelle louche de bouillon quand la précédente a été absorbée. Quand tout le bouillon est absorbé, retirez la sauteuse du feu, ajoutez le safran, mélangez bien, puis le reste de beurre et le parmesan. Mélangez à nouveau et servez immédiatement.

Notre conseil : ce risotto accompagne très bien le porc et l'agneau grillés.

SALADE À LA GRECQUE

4 pers. **Préparation :** 10 min

4 grosses tomates • 2 oignons rouges • 100 g d'olives noires • 300 g de feta • 1 cuil. à café d'origan • 6 cuil. à soupe d'huile d'olive • sel, poivre

Réalisation

Lavez et essuyez les tomates, coupez-les en rondelles fines et mettez-les au fond d'un plat creux. Épluchez les oignons et émincez-les, puis disposez-les sur les tomates. Coupez la feta en dés et répartissez-la ainsi que les olives sur les légumes. Salez, poivrez, arrosez d'huile d'olive et saupoudrez d'origan. Servez bien frais.

Notre conseil : servez cette salade avec du poisson ou de l'agneau grillés.

SALADE DE MANGUE AU PIMENT

4 pers. **Préparation :** 10 min

600 g de chair de mangue verte • 1 piment vert frais • 1 gousse d'ail • 2 cuil. à soupe de nuoc-mâm • 1 citron vert • 15 g de sucre

Réalisation

Coupez la chair des mangues en très petits dés, mettez-les dans un saladier. Lavez le piment, ôtez les graines, puis émincez-le finement, ajoutez-le aux mangues. Pressez le citron vert, versez le jus dans un bol, et ajoutez le sucre et le nuoc-mâm. Pressez l'ail épluché au-dessus du bol. Mélangez bien et versez cette sauce sur les mangues au moment de servir.

Notre conseil : servez cette salade avec des grillades d'agneau ou de porc.

SALADE DE POIS CHICHES AU CITRON

4 pers. **Préparation :** 5 min

1 boîte de pois chiches au naturel • 4 cuil. à soupe d'huile d'olive • 1 citron • 1 bouquet de menthe fraîche • sel, poivre

Réalisation

Rincez et égouttez les pois chiches, mettez-les dans un saladier. Pressez le citron, versez le jus dans un bol, ajoutez du sel, du poivre et l'huile d'olive, mélangez bien et versez sur les pois chiches. Hachez la menthe, mettez-la dans le saladier, mélangez bien. Servez frais.

Notre conseil : proposez cette salade avec de l'agneau grillé.

SALADE DE SEMOULE AUX RAISINS SECS

4 pers. **Préparation :** 20 min

300 g de semoule fine • 50 g de raisins secs • 1 bouquet de menthe • 3 citrons • 6 cuil. à soupe d'huile d'olive • sel, poivre

Réalisation

Faites bouillir 25 cl d'eau avec 1 cuillerée à café de sel. Versez la semoule dans un saladier, arrosez avec l'eau bouillante et laissez gonfler pendant 10 minutes. Travaillez la semoule à la fourchette pour l'aérer et laissez refroidir. Faites tremper les raisins secs dans un bol d'eau chaude pendant 5 minutes. Pendant ce temps, pressez les citrons, versez le jus sur la semoule, ajoutez l'huile, un peu de poivre, et mélangez bien. Égouttez à fond les raisins, hachez les feuilles de menthe et ajoutez-les à la semoule au moment de servir.

Notre conseil : servez cette salade avec de l'agneau grillé.

SALADE DE TOMATES AUX CÂPRES

4 pers. **Préparation** : 5 min

8 tomates (grappe ou olivettes) • 2 oignons blancs • 2 cuil. à soupe de câpres • 2 cuil. à soupe d'huile d'olive • sel, poivre du moulin

Réalisation

Épluchez les oignons et hachez-les. Lavez et essuyez les tomates, coupez-les en rondelles fines et disposez-les sur un plat creux. Salez légèrement, poivrez, saupoudrez de hachis d'oignons et de câpres et arrosez d'huile d'olive. Réservez au frais 30 minutes avant de servir.

SALADE THAÏE

4 pers. **Préparation :** 15 min

1 laitue • 4 tomates • 1 concombre • 2 échalotes • 1 cuil. à soupe de citronnelle fraîche • 1/2 bouquet de coriandre • 1/2 bouquet de menthe • 1 citron vert • 5 cuil. à soupe de nuoc-mâm • sel, poivre

Réalisation

Épluchez la laitue, lavez-la, essorez-la, coupez les feuilles en lanières et mettez-les dans un saladier. Lavez les tomates, coupez-les en fines tranches et disposez-les sur la laitue. Lavez le concombre, ouvrez-le en deux et enlevez les graines. Coupez-le en très petits morceaux sans l'éplucher. Épluchez les échalotes, hachez-les et ajoutez-les au saladier. Pressez le citron vert. Mélangez dans un bol le jus du citron, du sel, du poivre, le nuoc-mâm et versez sur la salade. Mélangez. Saupoudrez de coriandre, de citronnelle et de menthe ciselées. Servez frais.

Notre conseil : cette salade est parfaite avec du bœuf ou du poulet grillés.

TOMATES À LA PROVENÇALE

4 pers. **Préparation :** 10 min **Cuisson :** 10 min

6 tomates • 2 gousses d'ail • 1/2 bouquet de persil • 4 cuil. à soupe d'huile d'olive • sel, poivre

Réalisation

Coupez les tomates en deux, badigeonnez-les avec un peu d'huile. Faites-les cuire au barbecue sur chaque face pendant 5 minutes environ. Épluchez les gousses d'ail, hachez-les avec le persil, salez, poivrez. Lorsque les tomates sont cuites, saupoudrez-les de hachis.

Notre conseil : servez avec du bœuf ou de l'agneau grillés.

TRANCHES D'AUBERGINES GRILLÉES

4 pers. **Préparation :** 5 min **Cuisson :** 15 min

1 kg d'aubergines • 6 cuil. à soupe d'huile d'olive • 2 branches de romarin • sel, poivre

Réalisation

Versez l'huile dans un bol, ajoutez le romarin effeuillé, du sel et du poivre. Laissez mariner environ 30 minutes. Lavez les aubergines, essuyez-les et coupez-les en tranches dans le sens de la longueur. Badigeonnez les tranches d'aubergine d'huile parfumée sur les deux faces avec un pinceau et faites-les cuire au barbecue pendant 15 minutes en les retournant à mi-cuisson.

Notre conseil : servez avec une sauce faite de yaourt nature mélangé à deux gousses d'ail écrasées et du sel et du poivre.

LES DESSERTS

•

BANANES CONFITES

4 pers. **Préparation :** 5 min **Cuisson :** 15 min

4 bananes pas trop mûres • 4 bâtons de vanille

Réalisation

Coupez l'extrémité de chaque banane sans en ôter la peau. Coupez chaque banane en deux tronçons. Coupez chaque bâton de vanille en deux, introduisez chaque demi-bâton dans chaque tronçon de banane. Déposez les demi-bananes sur le barbecue et faites-les cuire pendant environ 15 minutes en les retournant régulièrement.

BROCHETTES DE FRUITS À LA CASSONADE

4 pers. **Préparation :** 10 min **Cuisson :** 5 min

> 2 bananes • 4 kiwis • 2 pommes • 2 poires • 4 cuil. à soupe de cassonade

Réalisation

Épluchez les fruits et coupez-les en morceaux réguliers de même taille. Versez la cassonade dans une assiette creuse et roulez les morceaux de fruits dedans. Composez les brochettes en alternant les fruits. Faites griller au barbecue juste le temps de caraméliser les fruits en surface. Servez immédiatement.

BROCHETTES DE TOMME AU PIMENT

4 pers. **Prép :** 10 min **Marinade :** 1 h **Cuisson :** 5 min

400 g de tomme de brebis • 4 cuil. à soupe d'huile d'olive
• 1 cuil. à café de piment

Réalisation

Versez l'huile dans une assiette creuse, ajoutez le piment et mélangez bien. Écroûtez le fromage et coupez-le en cubes. Mettez-les dans la marinade, retournez-les et laissez reposer pendant environ 1 heure. Égouttez les cubes de fromage et répartissez-les sur quatre brochettes. Faites-les cuire au barbecue pendant 5 minutes en les retournant à mi-cuisson.

Notre conseil : servez avec une simple salade verte bien croquante.

FIGUES RÔTIES

4 pers. **Préparation** : 5 min **Cuisson** : 10 min

12 figues fraîches • 4 cuil. à café de miel • 1 bouquet de romarin

Réalisation

Lavez les figues, ciselez-les en croix, posez-les sur le barbecue et laissez-les cuire environ 10 minutes en les retournant souvent. Déposez trois figues par assiette, recouvrez de miel et saupoudrez de romarin. Servez chaud ou tiède.

Notre conseil : accompagnez d'une boule de glace à la vanille.

FRUITS JAUNES GRILLÉS

4 pers. **Préparation** : 5 min **Cuisson** : 10 min

4 pêches pas trop mûres • 4 abricots • 2 cuil. à soupe de sucre

Réalisation

Versez le sucre dans une assiette creuse. Pelez les pêches, ouvrez-les en deux, ôtez le noyau et coupez chaque demi-pêche en deux. Ouvrez les abricots et enlevez le noyau. Enrobez les fruits de sucre en poudre et embrochez-les sur quatre brochettes en intercalant pêches et abricots. Faites cuire au barbecue pendant 10 minutes environ en les retournant régulièrement.

Nos conseils : accompagnez de glace à la vanille, et saupoudrez d'amandes effilées grillées à la poêle sèche.

PÊCHES AU MIEL ET AU ROMARIN

4 pers. **Préparation :** 10 min **Cuisson :** 10 min

4 pêches • 1 citron non traité • 2 branches de romarin • 4 cuil. à soupe de miel liquide

Réalisation

Prélevez le zeste du citron et hachez-le. Mettez-le dans une assiette avec les aiguilles de romarin et le miel. Pelez les pêches, coupez-les en deux et ôtez le noyau. Roulez les demi-pêches dans la préparation au citron, embrochez-les et faites cuire au barbecue pendant environ 10 minutes.

Notre conseil : accompagnez ces pêches d'une sauce à l'orange (recette page 137).

ABRICOTS EN PAPILLOTES

4 pers. **Préparation :** 5 min **Cuisson :** 8 min

8 abricots • 2 pincées de cannelle • 4 pincées de cassonade
• 20 g de beurre

Réalisation

Lavez et essuyez les abricots, ouvrez-les et dénoyau-
tez-les. Découpez quatre carrés de papier d'aluminium ménager. Posez dessus quatre moitiés
d'abricot, saupoudrez de cassonade et de cannelle
puis déposez une petite noisette de beurre. Refermez
les papillotes et faites cuire pendant 5 à 8 minutes.

Notre conseil : proposez de la confiture de groseilles
avec ce dessert.

LES SAUCES

•

AIL CONFIT À L'HUILE D'OLIVE

4 pers. **Cuisson :** 10 min

16 gousses d'ail • 4 cuil. à soupe d'huile d'olive • 1 cuil. à soupe de thym effeuillé

Réalisation

Faites chauffer l'huile dans une poêle sans la faire brûler. Ajoutez les gousses d'ail, saupoudrez de thym et faites confire pendant 10 minutes à feu doux sans cesser de remuer. Servez chaud, tiède ou froid.

Notre conseil : proposez ce condiment avec des poissons ou des viandes blanches grillés.

BEURRE DE BASILIC

4 pers. **Préparation** : 5 min

1 bouquet de basilic • 100 g de beurre • sel de Guérande, poivre du moulin

Réalisation

Sortez le beurre du réfrigérateur à l'avance pour pouvoir le travailler facilement.

Ciselez très finement le basilic.

Malaxez le beurre avec le basilic haché, salez, poivrez, mettez au réfrigérateur jusqu'au moment de servir.

Notre conseil : servez avec des brochettes de langoustines, de lotte au lard fumé, de poulet…

BEURRE D'ESCARGOTS

4 pers. **Préparation :** 10 min

150 g de beurre • 2 échalotes • 2 gousses d'ail • 1/2 bouquet de persil plat • sel, poivre

Réalisation

Sortez le beurre à l'avance du réfrigérateur pour qu'il soit facile à travailler.

Épluchez les échalotes et les gousses d'ail, hachez-les avec le persil.

Malaxez le beurre avec les aromates, salez, poivrez et placez au frais en attendant de servir.

Notre conseil : proposez ce beurre avec tous les types de grillades non marinées, les pommes de terre, les champignons, les tomates grillés.

BEURRE D'HERBES

4 pers. **Préparation :** 5 min

125 g de beurre •1/2 botte de persil plat •1/2 botte de cerfeuil • 1/2 botte de ciboulette • sel, poivre

Réalisation

Sortez le beurre du réfrigérateur plusieurs heures à l'avance pour qu'il se travaille facilement à la fourchette.

Hachez les herbes, placez-les dans un grand bol avec le beurre, salez, poivrez, mélangez bien à la fourchette et placez au réfrigérateur jusqu'au moment de servir.

Nos conseils : servez ce beurre avec toutes les grillades, poissons, volailles ou viandes ; vous pouvez en préparer une grande quantité et le congeler ; vous en prélèverez la quantité nécessaire 1 heure avant de servir.

CHUTNEY DE MANGUE

4 pers. **Préparation :** 10 min **Cuisson :** 45 min

600 g de chair de mangue • 1 citron vert non traité • 2 cuil. à café de gingembre moulu • 1 piment oiseau • 120 g de sucre • 10 cl de vinaigre blanc • sel, poivre

Réalisation

Coupez la chair des mangues en dés et mettez-les dans une casserole à fond épais.

Découpez le citron avec la peau en fines rondelles puis en quartiers, ajoutez-les à la mangue.

Saupoudrez de gingembre et de sucre, arrosez de vinaigre, ajoutez le piment, salez, poivrez.

Faites confire à feu doux pendant 45 minutes en remuant de temps à autre et laissez refroidir.

Notre conseil : servez ce chutney avec des grillades parfumées au curry.

SAUCE À L'OIGNON

4 pers. **Préparation :** 10 min **Cuisson :** 10 min

4 oignons • 2 cuil. à soupe de concentré de tomates • 10 cl de vinaigre de vin • 1 cuil. à soupe de sucre en poudre • 1 cuil. à soupe d'huile • 50 g de beurre • 1 pincée de piment de Cayenne • sel, poivre

Réalisation

Épluchez les oignons et hachez-les.

Faites chauffer l'huile dans une casserole, ajoutez les oignons, salez, poivrez et faites-les fondre à feu doux en remuant.

Saupoudrez de sucre, arrosez de vinaigre, et faites réduire jusqu'à moitié du volume.

Ajoutez enfin le concentré de tomates et le piment de Cayenne.

Mélangez et faites encore réduire à feu doux jusqu'à obtention d'une consistance sirupeuse.

Vérifiez l'assaisonnement, rectifiez si nécessaire.

Servez chaud.

Notre conseil : proposez cette sauce avec des grillades de bœuf.

SAUCE À L'ORANGE

4 pers. **Préparation :** 10 min **Cuisson :** 5 min

50 g de beurre • 1 orange • 4 cuil. à soupe de miel • 2 cuil. à soupe d'eau de fleur d'oranger

Réalisation

Faites fondre le beurre dans une petite casserole. Clarifiez-le en ôtant le dépôt blanc en surface avec une petite cuillère.

Pressez l'orange, mélangez le jus avec le miel et l'eau de fleur d'oranger et faites chauffer à feu doux. Ajoutez le beurre, fouettez pour bien mélanger et servez chaud.

Notre conseil : servez cette sauce avec des fruits grillés, mais aussi avec des magrets de canard ou des crevettes et des langoustines grillés.

SAUCE AU CURRY

4 pers. **Préparation :** 5 min **Cuisson :** 15 min

1 oignon • 2 cm de gingembre frais • 2 gousses d'ail • 15 cl de lait de coco • 1 cuil. à café de pâte de curry fort • 1 cuil. à soupe de curry en poudre • 2 cuil. à soupe d'huile • sel

Réalisation

Épluchez l'ail, l'oignon et le gingembre, hachez-les.
Versez l'huile dans une casserole, ajoutez le hachis et la pâte de curry et faites revenir 5 minutes en mélangeant.
Saupoudrez de curry et arrosez de lait de coco.
Salez, mélangez et laissez mijoter 10 minutes.
Mixez et servez tiède.

Notre conseil : servez avec des brochettes de poisson ou de langoustines et de coquilles Saint-Jacques.

SAUCE AU FENOUIL

4 pers. **Préparation :** 10 min

1 bulbe de fenouil • 1 tomate • 1 citron • 4 cuil. à soupe d'huile d'olive • 1/2 bouquet d'aneth • sel, poivre

Réalisation

Ébouillantez la tomate, pelez-la, épépinez-la et coupez la chair en très petits dés.

Lavez le fenouil, essuyez-le et coupez-le également en très petits dés.

Pressez le citron, versez le jus dans un grand bol, ajoutez l'huile, du sel, du poivre et battez pour émulsionner.

Ajoutez la tomate et le fenouil, mélangez et parsemez d'aneth finement ciselé.

Notre conseil : servez cette sauce avec du poisson ou de l'agneau grillés.

SAUCE AU MELON

4 pers. **Préparation :** 10 min **Cuisson :** 10 min

250 g de chair de melon (frais ou surgelé) • 1 cuil. à soupe de vinaigre • 1 cuil. à soupe de miel liquide • 10 cl de vin blanc sec • 50 g de beurre • sel, poivre

Réalisation

Mixez la chair de melon et versez-la dans une casserole.

Ajoutez le vin blanc et le vinaigre et faites réduire de moitié à feu doux.

Versez le miel, salez, poivrez, mélangez bien.

Retirez du feu et incorporez le beurre en parcelles en fouettant.

Servez chaud.

Notre conseil : servez cette sauce avec des magrets de canard grillés.

SAUCE AUX OLIVES

4 pers. **Préparation :** 5 min **Cuisson :** 5 min

4 petits oignons blancs • 12 olives vertes dénoyautées • 5 cuil. à soupe d'huile d'olive • 2 cuil. à soupe de vinaigre de cidre • 1 cuil. à café de paprika • 1 cuil. à soupe de miel • sel, poivre

Réalisation

Épluchez les oignons, hachez-les avec les olives. Versez l'huile, le vinaigre, le miel, le paprika, les oignons et les olives dans une casserole, portez à ébullition, puis baissez le feu et faites réduire.
Salez, poivrez.
Servez chaud.

Notre conseil : servez cette sauce avec de la viande de porc.

SAUCE AU PIMENT ET AU CITRON VERT

4 pers. **Préparation :** 10 min

1 piment frais • 2 oignons • 2 gousses d'ail • 1 citron vert
• 1 botte de ciboulette • sel

Réalisation

Épluchez l'ail et l'oignon.

Pressez le citron vert.

Lavez le piment, coupez-le en deux, épépinez-le en prenant soin de vous laver immédiatement les mains après (le suc du piment est très irritant pour les yeux et les muqueuses).

Hachez finement ail, oignon, piment, versez dans un bol puis ajoutez le jus du citron vert, un peu de sel, et enfin la ciboulette ciselée.

Mélangez bien.

Notre conseil : servez avec du poulet grillé.

SAUCE AU POIVRON

4 pers. **Préparation :** 10 min

2 poivrons jaunes • 200 g de feta • 5 cuil. à soupe d'huile d'olive • sel, poivre

Réalisation

Faites griller les poivrons jusqu'à ce que la peau noircisse, puis enfermez-les dans un sac en plastique pendant quelques minutes.

Pelez-les, épépinez-les et mettez-les dans le bol d'un mixeur.

Coupez la feta en petits morceaux, ajoutez-la aux poivrons, salez, poivrez et mixez en ajoutant l'huile comme pour une mayonnaise.

Vérifiez l'assaisonnement et mettez au frais en attendant de servir.

Notre conseil : servez cette sauce avec des grillades de bœuf ou d'agneau.

SAUCE AU YAOURT ET AU CITRON

4 pers. **Préparation :** 5 min

2 yaourts à la grecque • 1 citron non traité •1/2 bouquet de persil plat • sel, poivre

Réalisation

Prélevez le zeste du citron avec un couteau économe, hachez-le finement.

Hachez le persil.

Mélangez dans un bol les yaourts, le zeste de citron et le persil, salez, poivrez et conservez au réfrigérateur jusqu'au moment de servir.

Notre conseil : servez cette sauce avec du poisson ou de la volaille grillés.

SAUCE AUX AGRUMES

4 pers. **Préparation :** 5 min

1 citron vert • 1/2 orange • 1/2 pamplemousse • 4 cuil. à soupe de sauce de soja • 3 cuil. à soupe d'huile d'olive • sel, poivre

Réalisation
Pressez les fruits, versez le jus dans une saucière, ajoutez la sauce de soja, du sel, du poivre et l'huile d'olive.
Battez au fouet pour émulsionner.

Notre conseil : servez cette sauce avec des gambas grillées.

SAUCE AUX ANCHOIS

4 pers. **Préparation :** 10 min

10 anchois à l'huile • 10 amandes mondées • 2 gousses d'ail
• 1 citron • 4 cuil. à soupe d'huile d'olive • 1 branche d'estragon
• poivre

Réalisation

Pressez le citron, versez le jus dans le bol d'un mixeur.
Épluchez les gousses d'ail et écrasez la pulpe avec un
presse-ail, mettez-la dans le bol du mixeur et ajoutez les autres ingrédients.

Mixez-les.

Vérifiez l'assaisonnement et placez au frais en attendant de servir.

Notre conseil : proposez cette sauce avec du poisson
et des crustacés grillés.

SAUCE AUX CITRONS CONFITS

4 pers. **Préparation :** 10 min

4 citrons confits • 2 cuil. à soupe de petites olives noires • 1 bouquet de coriandre • 10 cl d'huile d'olive • 4 cuil. à soupe de miel liquide • 1 cuil. à café de cumin en poudre

Réalisation

Coupez les citrons confits en très petits dés.
Mettez-les dans un saladier.
Arrosez d'huile d'olive et de miel, saupoudrez de cumin, ajoutez les olives et mélangez bien.
Au moment de servir, parsemez de coriandre finement ciselée.

Notre conseil : proposez cette sauce avec du poulet ou de l'agneau grillés.

SAUCE AUX HERBES

4 pers. **Préparation :** 10 min

2 tomates • 2 gousses d'ail • 1 piment de Cayenne • 2 branches de basilic • 2 branches de persil plat • 2 branches d'estragon • 2 cuil. à soupe d'huile d'olive • sel, poivre

Réalisation

Pelez et épépinez les tomates, coupez la chair en très petits dés.

Épluchez les gousses d'ail et écrasez la pulpe au presse-ail.

Mettez les tomates et l'ail dans un grand bol, ajoutez le piment de Cayenne écrasé, l'huile, du sel, du poivre et les herbes finement ciselées.

Mélangez bien.

Notre conseil : servez cette sauce avec toutes les grillades, elle accompagne aussi bien les poissons que les viandes.

SAUCE BÉARNAISE

4 pers. **Préparation :** 15 min **Cuisson :** 15 min

200 g de beurre • 3 jaunes d'œufs • 3 échalotes • 1 branche
d'estragon • 1 branche de persil plat • 10 cl de vinaigre de vin
blanc • sel, poivre

Réalisation

Épluchez les échalotes, hachez-les avec les feuilles
d'estragon.

Mettez-les dans une casserole, arrosez de vinaigre,
salez, poivrez. Laissez réduire à feu doux pendant
10 minutes.

Ajoutez hors du feu 3 cuillerées à soupe d'eau froide
et les jaunes d'œufs, battez au fouet jusqu'à ce que
le mélange mousse, puis mettez la casserole au bain-
marie, ajoutez le beurre coupé en petits morceaux
sans cesser de fouetter.

Dès que la sauce a pris consistance, retirez la casserole du bain-marie et ajoutez le persil ciselé.

Servez immédiatement.

Notre conseil : ne réchauffez pas cette sauce, elle ris-
querait de tourner. Servez-la avec du bœuf grillé.

SAUCE EXOTIQUE

4 pers. **Préparation :** 5 min

2 cuil. à soupe de sauce de soja • 2 cm de gingembre frais • 1/2 cuil. à café de piment de Cayenne • 1 cuil. à café de cinq-épices • 2 gousses d'ail • 4 cuil. à soupe de cacahuètes nature •1/2 bouquet de coriandre

Réalisation

Épluchez l'ail, écrasez-le au presse-ail et mettez la pulpe recueillie dans le bol d'un mixeur.
Effeuillez la coriandre.
Mettez tous les ingrédients dans le bol du mixeur et réduisez en fine purée.

Notre conseil : servez cette sauce avec du poisson ou de la volaille grillés.

SAUCE FRAÎCHEUR À LA MOUTARDE

4 pers. **Préparation :** 5 min

3 yaourts bulgares nature • 1 cuil. à soupe de moutarde • sel, poivre

Réalisation

Mélangez dans un grand bol les yaourts et la moutarde, salez, poivrez.

Notre conseil : vous pouvez utiliser de la moutarde forte ou une moutarde aromatisée. Servez cette sauce avec des viandes ou des volailles grillées.

SAUCE MAROCAINE

4 pers. **Préparation :** 5 min

1 citron confit • 1 bouquet de coriandre ciselée • 1 cuil. à café
de ras-el-hanout • 3 cuil. à soupe d'huile d'olive

Réalisation

Hachez finement le citron confit, mettez-le dans
un grand bol ; ciselez les feuilles de coriandre, ajoutez-les au citron, saupoudrez de ras-el-hanout et
arrosez d'huile d'olive.
Mélangez bien.

Notre conseil : servez avec des brochettes de poisson ou du poulet grillé.

TAPENADE

4 pers. **Préparation :** 10 min

6 filets d'anchois à l'huile • 100 g d'olives noires dénoyautées • 50 g de câpres • 2 gousses d'ail • 4 cuil. à soupe d'huile d'olive • poivre du moulin

Réalisation

Épluchez les gousses d'ail.

Mixez les anchois avec les câpres, les olives, l'ail, versez dans un bol puis ajoutez l'huile en tournant comme pour une mayonnaise.

Poivrez.

Réservez au frais jusqu'au moment de servir.

Notre conseil : servez avec du poisson grillé.

INDEX

LES POISSONS

LES VIANDES ET LES VOLAILLES

LES LÉGUMES ET
LES SALADES

LES DESSERTS